사회학으로 세상 보기

한국 사회의 현재와 미래

이 도서의 국립중앙도서관 출판예정도서목록(CIP)은 서지정보유통지원시스템 홈페이지
(http://seoji.nl.go.kr)와 국가자료공동목록시스템(http://www.nl.go.kr/kolisnet)에서
이용하실 수 있습니다.
CIP제어번호: CIP2016031751(양장), CIP2016031752(반양장)

유팔무 지음

사회학으로
세상 보기

한국 사회의 현재와 미래
사회학자 유팔무의 교수 생활 27년 보고서

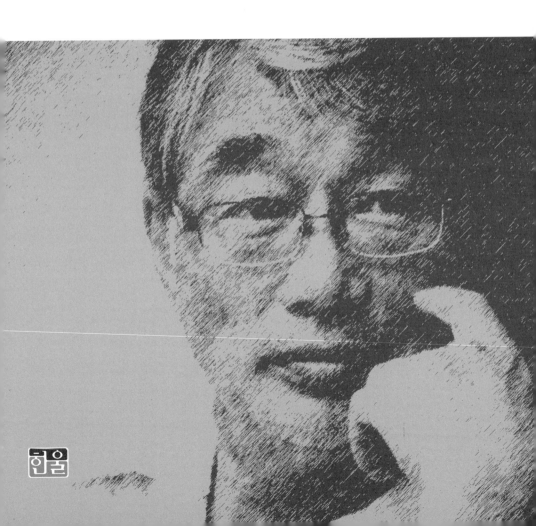

한울

차례

책을 펴내며

           나는 지난 27년간의 교수 생활을 마감하고 지난 학기를 마지막으로 정들었던 강단을 떠나게 되었다. 정년퇴임을 하게 된 것이다. 지금으로부터 대략 10년 전쯤에 조희연 교수(당시 성공회대 사회학과 교수, 현 서울시 교육감)와 나눈 대화가 문득 떠오른다.

    "팔무 형! 이제 슬슬 정년퇴직을 준비하셔야 될 것 같습니다!"

    "아니, 퇴직하려면 아직 한참 남았는데, 그게 무슨 소리야?"

    당시에는 그가 왜 그런 말을 하는지 다소 의아해하면서도, 세월이 흐르는 물처럼 빠르게 흘러갈 테니 매사를 미리미리 준비해야 한다는 의미로 받아들였다. 나는 오히려 워커홀릭(workaholic)으로 유명하던 그에게 이렇게 말했다.

    "당신 건강부터 챙기시오! 이제 그만 제발 일 좀 줄이고."

    동료들 사이에서 '움직이는 백과사전', '조직의 달인', '마당발'

등의 별명으로 통한 조희연 교육감을 내가 "조 교수는 영원한 조교수!"라고 실없이 놀려댄 기억이 생생하다. 그러나 10여 년의 세월이 눈 깜짝할 사이에 흘러가고, 이제 그는 교수가 아닌 서울시 교육감으로서 청소년 교육이라는 막중한 책무를 떠맡아 그 특유의 홀릭 정신(holic spirit)으로 교육 난제들을 풀고 있으니, 퇴직 준비를 미리 하라던 과거의 그의 말이 공연한 헛말이 아니었음을 느끼게 된다.

돌이켜보면, 조 교수와 가장 가깝던 시절은 1990년대 초반, 내가 거의 날아다니던 시기였다. 1989년 초에 독일 유학을 마치고 귀국한 후, 한국산업사회연구회 모임을 조 교수와 함께했다. 그뿐만 아니라 그 직후 1990년을 전후해 소련과 동유럽 사회주의권 국가들이 몰락한 후, 한국사회과학연구소(한국사회연구소와 한겨레사회연구소를 통합, 약칭 한사연)에서도 '사회주의 몰락 이후 사회주의적인 대안체제로는 무엇이 남아 있을까'를 함께 고민하고(대안체제세미나) 재벌 해체 프로젝트*를 함께 진행했다. 그러던 중 1994년에 조희연 교수가, 당시 시민단체 활동을 주도하던 '경실련(경제정의실천시민연합)'이 문제가 있으니, "(한가하게 세미나를 하고 있을 때가 아니라) '좌실련'을 만듭시다"라고 제안해 참여연대를 만들게 되었다.

조희연 교수의 주도로 만들어진 참여연대는 한사연 세미나 멤

---

* 한사연에서는 재벌 해체 프로젝트 외에도 자본론 세미나도 했으며, 당시 참여자는 정태인(칼폴라니 사회경제연구소 소장), 박형준(동아대 교수, 국회 사무총장 역임), 홍덕률(대구대 사회학과 교수, 대구대 총장), 장상환(경상대 교수) 등이었다.

버들을 중심으로 한 진보 성향의 사회과학자 그룹, 박원순(참여연대 사무처장·아름다운재단 상임이사 역임, 서울시장) 등 민변의 인권 변호사들과 곽노현(서울시교육감 역임, 방송대 교수)·박은정(참여연대 대표 역임, 서울대 로스쿨 교수) 등 법학과 교수들을 중심으로 한 법조인 그룹, 김기식(민주당 비례대표 국회의원 역임)·박원석(정의당 비례대표 국회의원 역임)·이태호(참여연대 사무처장) 등 1980년대 학생운동 출신의 청년 활동가 그룹 등 크게 세 그룹으로 구성되었다. 참여연대의 맥은 20년이 넘은 오늘날까지도 이어지고 있다.

그러나 나는 직장인 한림대가 춘천에 있어 서울의 참여연대 활동에 적극적으로 참여하기 곤란한 상태였다. 그래서 1990년대에는 춘천에서 활동을 많이 했다. 한림대와 강원대, 춘천지역에서 여러 사람(한림대 운동권 학생들, 한림학보 멤버들, 대학원생, 교수, 강원대 최현섭 교수• 등)을 끌어모아 춘천지역사회연구소를 만들고, 1999년에는 참여연대를 모델 삼아 '참여와 자치를 위한 춘천시민연대(약칭 춘천시민연대)'를 만들어 활동을 이어갔다. 춘천시민연대의 창립 행사 때는 박원순 당시 참여연대 사무처장을 초청해 인사말과 격려사를 듣기도 했다.

어쨌든 당시 조 교수의 말을 듣고 차분히 생각했다. '그래, 나는 너무 앞만 보고 달려온 것 아닐까? 이런저런 일들도 많이 하고, 여

•   이 무렵 저자와 함께 춘천지역 고교평준화운동의 공동대표를 했으며, 후에 강원대 총장을 역임했다.

기저기 회비도 많이 내고? 나도 대충 세 가지 정도로 일을 줄여 집중을 하면서 정년 준비를 하자.' 그래서 일을 줄이려고 했으나 관성이 붙어 있어 제자리걸음하기 일쑤였고, 퇴직은 '가끔씩'만 준비해 왔다.

그런데 막상 정년이 임박하고 보니, 뭔가 멋들어진 논문이나 책을 하나 써야 하는 게 아닌가 하는 생각을 하게 되었다. 마침 남유럽의 재정 위기 발생을 주제로 해서 재정 위기는 방만한 복지 때문이 아니라는 점 등을 밝히는 논문을 준비하던 참이었다. 그러나 시의성도 떨어져가고, 그다지 많은 사람이 읽지도 않는 논문을 쓰는 것은 정년을 앞둔 상황에서 큰 의미가 없는 일이 아닌가 하는 생각이 들었다. 논문을 써서 책으로 출간할 것도 구상했으나, 별로 읽히지 않는 책은 낸다 해도 사실상 휴지장이 되어버리는 경우가 많기 때문에 그것도 자원 낭비가 아닌가 하고 생각했다. 종이의 원료인 펄프도 대부분 수입해서 사용한다던데 말이다. 그래도 대학교수 생활을 하면서 연구하고, 실천 활동하고, 학생들을 가르쳐온 내용을 그대로 묻어버리기에는 아쉬운 마음이 들었다. 그래서 나의 교수 생활 27년의 보고서를 쓴다는 기분으로 책을 내기로 마음먹고 강의를 준비하고 진행하는 틈틈이 원고를 써 내려갔다.

시대 변화와 커리큘럼 변경 등에 따라 내가 담당한 과목도 바뀌어왔다. 새로운 담당 과목을 가르치기 위해서는 관련된 조사, 연구도 병행해야 했으므로 연구 분야도 조금씩 달라져왔다. 이런 의미에서 연구와 교육은 상호작용을 한다고 할 수 있다. 또한 실천 활동과도 상호작용을 하고 상호 침투한다고 느낀다. 나는 왜 공부를 하고, 연구를 하고, 대학교수가 되어 거의 30년 가까이 교수 생활을 하며 학생들을 가르쳐왔을까? 돌이켜보면, 대학 3학년 시절에 생겨난 동기, '이 몹쓸 세상, 근본적으로 바꾸어 결코 후대에 물려주지 말자' 하는 동기 때문이었다.

> 세계를 변혁하는 민중 연대
> 무슨 학과? 사회학과!
> 무슨 학과? 사회학과!
> 사회학과 파이팅!*

내가 몸담고 있는 한림대 사회학과의 구호이다. 구호를 바꾸자는 의견을 낸 교수들도 있었지만, 나는 이 구호를 좋아한다. 학부 시절에 형성된 나의 정서가 담겨 있고, 그것이 우리 학생들에게서 재현되었다는 점에서 유지하고 싶다는 생각이 들기 때문이다. 그리고 우리 지방 사립대 학생들에게는 용기와 패기를 불어넣을 수 있는 홀륭한 구호라고도 생각한다. 오케이! 아이캔두, 유캔두, 위캔두!

수년 전부터 내가 담당하는 교양 과목이 하나 있다. '한국 사회와 21세기'라는 과목으로 여러 명사와 전문가를 초청해 다양한 주제의 강연을 연속으로 듣고 감상문을 써내는 과목이다.** 나는 연사들

---

* 이 구호는 나의 사랑하는 제자 황윤익(카카오택시 사업팀장)이 1990년대 초에 만들었다고 하는데, 2절에는 "사회학과는 술에 절대, 앱썰루틀리, 지지, 안 씁니다"도 있었으나 실전되었다.

10

에게 강연을 부탁하면서 '젊은 시절에 어떻게 살아왔는지, 자신의

●● 이 과목의 명사·전문가 강연에 수고해주신 분들은 다음과 같다. 강신표(인제
대학교 석좌교수, 문화인류학), 홍세화(진보신당 대표 역임), 변용환(한림대
경영학과 교수, 부총장), 고도흥(한림대 언어청각학부 교수), 김봉준(동북아
평화연대 공동대표). 정현우(화백), 이상경(현대리서치연구소 대표이사), 양
진석(세계태권도연맹 사무총장 역임), 홍성현(KBS 방송문화연구소 연구원),
박노섭(한림대 법행정학부 교수), 조국(서울대 법학전문대학원 교수), 장태
평(농림수산식품부 장관 역임), 최정식(국제화이트칼라노조 한국본부 사무총
장), 이영선(한림대 총장 역임), 김수진(한림대 생명과학과 교수), 조은경(한
림대 심리학과 교수), 오진탁(한림대 철학과 교수), 박진용(한림대 환경생명
공학과 교수), 민병희(강원도 교육감), 최문순(강원도 지사), 유진규(춘천국
제마임축제 예술감독 역임), 이석태(법무법인 덕수 대표 변호사, 세월호 특별
조사위원회 위원장), 이광철(법무법인 동안 대표 변호사), 김종수(민주노총
강원본부 지도위원), 김숙(국정원 제1차장·유엔대사 역임), 이윤경(한림대
언어청각학부 교수), 조용래(한림대 심리학과 교수), 한상진(한림대 생명과
학과 교수), 김영주(산업자원부 장관 역임), 성경륭(한림대 사회학과 교수, 지
역균형발전 위원장 역임), 허남성(국방대학원 교수), 박찬욱(서울대 정치학
과 교수), 신형철(한림대 의대 교수, 뇌 생리 전문), 최진기(인터넷 명강사, 최
진기경제연구소 대표), 양은석(한림대 체육학과 교수, 평생교육원 원장), 장
하진(충남대 사회학과 교수·여성부 장관 역임), 김일(소셜미디어 나눔연구소
소장, We Start운동본부 사무총장), 오광균(KBS 방송위원 역임), 장유식(변
호사, 참여연대), 오하타 히로시(大畑 裕嗣, 메이지대 심리사회학부 교수), 이
훈희(SM C&C 상무), 오진국(화백, 바른 댓글 문화운동 대표), 조명민(밀리그
램 인테리어 디자인 대표), 김번(한림대 영문과 교수, 교수평의회 의장), 백형
민(국립무용단 수석무용수 역임, 한국춤 전문), 문정은(정의당 당대표 비서실
장 역임), 노수린(엑스퍼넷 전략기획실장), 황윤익(카카오택시 사업팀장) 등.
강연 동영상은 일부 인터넷에 공개되어 있다. 다음 주소를 참조하기 바란다.
http://www.kocw.net/home/search/kemView.do?kemId= 417497
http://www.kocw.net/home/search/kemView.do?kemId=417830

직업을 선택하고 지켜온 동기가 무엇인지 얘기해 달라. 그리고 21세기를 살아가는 요즘 젊은이들의 삶과 미래 설계에 도움이 되는 말을 해 달라'고 주문하곤 한다. 학생들에게는 미리 강연 자료를 보고 질문을 준비하도록 했고, 강연 1시간 30분, 질의응답 1시간식으로 운영해왔다. 시험을 보지 않는 대신 매주 A4용지 1매 분량의 강연 소감문을 써내게 했고, 기말고사 대신 전체 강연에 대한 '종합 강의 평가문'을 작성하게 했다. 강의가 자신에게 어떤 도움을 주었는지, 어떤 연사가 좋거나 안 좋은지, 다음 학기의 연사 구성은 어떻게 하는 것이 좋은지 등 의견을 쓰도록 했다. 한 사람당 A4용지로 2~3매 분량을 제출하고 수강 인원은 매 학기 100명 가까이 되니까, 그 분량은 총 250매 가량이나 된다. 그것을 읽고 채점하면서 메모한 것을 바탕으로 다음 학기를 준비했다.

이 과목에서는 담당 교수인 나도 한 강좌를 맡아서 해왔다. 다른 연사들과 마찬가지로, '대학교수'라는 직업을 가진 전문가 중 한 사람으로서, 나 또한 연사들에게 주문한 내용과 스타일로 강연을 했다. 퇴직에 가까워져서 나의 삶과 교수 생활을 되돌아보고 정리하는 의미도 있었고, 학생들에게 참고가 되길 바라는 마음도 있었다.

강연에는 다양한 내용을 담았다. 1972년 대학교 3학년, 10월유신 시절에 내가 학자가 되겠다고 결심한 이유는 무엇인가, 지식사회학·이데올로기·계급 등을 공부하고 연구하게 된 배경은 무엇인가, 나는 왜 대학에 갔는가, 27년간의 교수 생활에서 못 이룬 것과 거기서 얻은 교훈은 무엇인가, 직업으로서의 대학교수는 할 만한가, 사회학자로서 내가 지닌 문제의식은 무엇이었고, 지금은 무엇인가.

그리고 학생들에게 이야기했다.

21세기 한국 사회의 모순이 가장 많이 농축되어 있는 지점은 바로 여러분을 포함하는 청년 세대가 아닌가. 여러분은 요즘 시대의 대세인 신자유주의에 순응하지 말고, 다양한 형태의 현실 참여를 해야 하지 않을까? 문제를 해결하려면 투표를 열심히 잘하기, SNS에 글 올리기, 그룹 만들기, 단체 가입하기 등 직접 청년운동이나 학생운동 등의 사회운동을 벌여야 하지 않겠는가? 왜 그러한가? '우는 아이 떡 하나 더 준다'는 말처럼 가만히 있으면 지금처럼 그대로 굴러가기 때문이다. 손해를 볼 수 있다고? 물론 그렇다. 그래서 우는 아이 매 한 대 더 맞을 수도 있다.

그렇게 강연에서 이야기하며 '아, 책에서도 이런 내용을 이야기하면 더 많은 사람과 소통할 수 있겠구나' 하는 생각이 들었다.

그런데 마침 2016년 2학기를 시작하기 전, 속초에서 한림대 교수 세미나가 열렸다. 교수들의 개강 총회 같은 것이었는데, 국내에서 교육철학의 대부 중 한 분으로 꼽히고 전에 한림대 총장을 지내신 92세의 정범모 교수께서 기조 발표를 하셨다. 이 양반과는 인연이 많은데, 그 발표에서는 교수의 세 가지 역할인 교육, 연구, 봉사에 대해 말씀하셨다. 이미 익히 알고 있는 내용이었고 마음 한구석에 새겨두기도 한 것이었다. 그런데 봉사에 대해서 학내 보직을 맡는 것은 평소처럼 교육, 연구에 지장이 생기니까 부정을 하셨는데, 학외 봉사(사실상 현실 참여, 정치 참여)에 대해서는 강한 어조로 비판을 하시는 것이었다. 아마도 폴리페서를 염두에 두고 하신 말씀이었다. 그럼 나는 무엇을 한 것일까? 나도 폴리페서 비슷한 활동을 해오지 않았는가? 정 교수는 '실천' 개념을 고려하지 않는 것일까?

나는 취직이 아니라 세상을 바꾸기 위해, 보람 있게 살기 위해 공부를 했고, 교수가 되었고, 학생들을 가르치고, 배운 것과 아는 것을 써먹는 실천 활동을 해왔다. 그래서 교육, 연구, 봉사·실천 이 세 가지 사이의 관계에 대해 그 분과는 달리 생각해왔다. 그 양반은 사범대 교육학과 교수 출신이고 주로 교육, 그중에서도 중·고교 교육에 관한 철학을 해오신 분이니까 대학교수의 역할에서도 교육을 가장 우선시하게 된 것이 아닐까? 반면에 나는 공부와 연구가 최우선이고, 그것이 학내외 봉사와 실천 활동, 현실에의 적용과 응용, 그리고 교육에 적용되는 것이라고 본다. 이런 활동과 교육 경험에서 또 배우고 깨닫는 것들을 새롭게 적용·응용하거나 연구하는 것이 이 삼자 사이의 관계일 것이다. 이를 계기로 대학교수의 역할을 다시 생각해보며 이 책의 스타일과 내용을 구성하는 데 많이 참작할 수 있었다.

내가 공부하고 연구하고 가르쳐온 사회학을, 이데올로기, 계급, 자본주의, 사회주의, 시민사회, 사회운동, 사회민주주의 복지국가 등 사회학적으로 연구한 것들을 되도록 많은 사람이 읽을 수 있고 실천 활동에도 적용할 수 있도록 사회학 교양서적 또는 교양 사회학 개론 책으로 내기로 결심했다.

나는 사회학이라는 전공을 우연히 선택했다. 그렇지만, 수십 년 동안 이 전공을 계속해온 사실을 이제와 돌이켜 생각해보면, 사회학이라는 학문의 특성 때문이었던 것 같다. 나 자신의 문제로 고민하던 젊은 시절, 사회학적 시각은 사회적·시대적 맥락 속에서 나 자신을 객관화시켜 조명해볼 수 있게 만들어주었고, 그러한 과정에서 고민으로부터 벗어날 수 있었다. 나는 사회 환경 속에서 살아왔고, 생각하고 느끼고 생활해왔던 것이다. 다른 사람들도 마찬가지일 것이다. 머릿속에, 가슴속에 사회가, 사회 환경이 그 영향을 침투시켰고, 그 틀 속에서 우리가 살아온 것이다.

이런 의미에서 사회학이라는 학문과 그 학문이 지닌 독특한 시각이 우리가 살아가는 데 여러 가지 도움을 준다고 생각한다. 그래서 이 책을 통해 사회학적인 관점과 시각이 어떤 것인지 알려주고 싶고 보여주고도 싶다.

이 책에는 '사회학의 사회학'이라는 생소한 용어가 등장하는데, 사회학이 연구하고 탐구하는 대상은 '사회현상'이다. 압구정동 신세대, 야타족, 오렌지족의 출현, 성수대교와 삼풍백화점 붕괴, 88올림픽 유치와 개최, 외환위기와 경제위기, 사회 양극화, 저출산·고령화, 세월호 침몰, 메르스 사태, 광우병 촛불시위, 최순실 게이트, 이모든 것이 '사회현상' 아닌가. 사회학이라는 학문 자체도 사회현상이다. 사회학은 옛날에는 없던 것이 생겨난 것이고, 시대에 따라, 나라에 따라 그 내용이 달라진다. 한국의 사회학은 미국이나 유럽의 사회학과는 다르다. 그것이 어떻게 다르고 왜 다른가 하는 점도 사회학의 관심 대상에 들어간다.

이 책의 1부와 2부는 지난 수년간 내가 주로 강의해온 과목들의 강의 노트를 손질하고 합친 것이다. 내 교수 생활의 결산 중 하나라고 할 수 있다. 여러 가지 강의 주제, 소주제와 관련해 공부한 것, 알게 된 것, 사회봉사·사회참여 실천 활동과 교육을 위해 작업했던 연구 논문, 짧은 '사회학적 글쓰기'의 결과물을 선별해 간소하게 정리하고, 평이한 어조로 편집했다. 때로는 학생들과의 질의응답 내용이나 보충 설명, 참고 사항을 심화 학습 자료나 읽을거리로 따로 떼어서 넣었다.

1장 "사회학의 사회학"은 사회학이라는 학문이 어떤 학문인지를 짧게 소개하는 내용이다. 여기에는 사회학 내부의 학파라고 부를 수 있는 대표적인 몇 사람의 학설이 간략하게 들어간다. 좀 더 자세한 설명이 필요한 부분과 오늘날 한국 사회를 이해하고 설명하는 데 의의가 더 크다고 생각한 부분은 2장 "'알파고'와 경제, 노동"과 3장 "빈부 격차의 대물림 현상: '수저계급론' 넘어서기"에 가서 조금 더 다루어질 것이다. 그러나 1장, 2장, 3장이 그렇고, 그 뒤의 장들도 그렇겠지만, 다른 교수들과 마찬가지로 나 역시 일정한 편향이 있다는 점을 미리 밝힌다. 엄정중립이란 가능한가? 글쎄다. 가급적 중립적인 위치에서 '주류 사회학'의 관점을 존중해 서술했지만, 나는 정치 이념적으로 가운데에서 약간 왼쪽에 서 있기 때문에, 어느 정도의 편향이 들어갈 수밖에 없을 것이다. 따라서 다른 책을 읽을 때도 마찬가지이지만, 독자들은 이를 감안해서 자기 자신의 입장에 서서 일정한 거리두기를 한 후, 대화하는 스타일로 읽기를 바란다. 공감하는 부분을 선별해 자기 것으로 만드는 이러한 것이 일명 '비판적 책 읽기'라고 하는 것이다.

나의 사회학적 연구 결과를 종합·정리·결산해보면 세상, 즉 사회는 크게 세 부문으로 구성되어 있다. '3분법적 사회관'이라고 할 수 있다. 이 세 가지 부문 중 가장 중요한 부문은 경제생활, 즉 먹고 사는 문제를 해결하는 일이고, 나머지 두 부문은 경제를 기초로 짜여 돌아간다고 본다. 2장과 3장에서 경제와 노동, 그리고 불평등의 세습 문제를 먼저 다룬 이유는 거기에 있다.

  2부 '세 바퀴로 굴러가는 국가와 시민사회, 복지국가'의 4장, 5장, 6장은 큰 틀에서 보면, '소비의 영역'을 다루는 것이다. 4장 "현대의 국가와 시민사회, 민주주의"와 5장 "'헬조선'의 '3포 세대'와 사회문제"에서는 국가와 시민사회를 다루고, 다시 시민사회 안으로 들어가 가족과 세대, 문화, 교육, 저출산·고령화 등의 문제를 다룬다. 이와 같은 사회문제를 해결하려는 노력은 정부, 정당 등 공식적인 차원에서도 이루어지고, 언론과 시민사회 등의 비공식인 차원에서도 이루어진다. 후자의 대표적인 예가 민주화운동과 노동운동, 시민(사회)운동, 촛불시위 등이다. 6장 "도마 위의 복지국가"에서는 '헬조선' 문제를 해결하기 위해서는 어떤 복지국가로, 어떻게 갈 것인가 하는 점이 이슈이다. 많은 이가 '북유럽형 사회민주주의 복지국가'를 한국이 지향해나가야 할 방향으로 꼽고 있다. 그렇지만, 북유럽형으로 가는 것이 과연 가능한가 하는 점에 대해서는 이모저모를 따져봐야 할 것이다. 복지를 하기는 해야겠는데, 그것은 돈이 많이 드는 골칫거리이기도 하다. 국가에 대한 국민의 불신과 증세에 대한 저항 심리, 시민사회의 여론과 지지 부족, 언론기관의 무관심 등도 문제이다.

  3부에서는 내가 대학교수가 되기 전까지의 과정과 대학교수가 된 후 공부, 연구, 실천 활동, 교육 등을 해온 '교수 생활'을 사회학적인 시각에서 회고하고 정리했다. 여기 나오는 내용은 학생이 학습하는 데, 또한 미래를 설계하는 데, 경우에 따라서는 교수가 강의하는 데에도 사례나 참고 자료로 활용할 수 있을 것이라고 생각한다.

7장과 8장에서는 내가 대학에 들어가 사회학을 전공하게 된 과정, 대학 시절의 학풍과 그것의 영향, 졸업 후 중앙일보 기자 생활과 대학원 시절의 한국교육개발원 경험이 나에게 남겨준 것, 대학교수가 된 후 했던 연구, 봉사·실천, 교육 활동의 변화와 경험을 이야기한다. 연구회, 연구소, 학회 활동, 시민단체와 진보 정당 활동, 학내외의 교육 활동, 그리고 학내 봉사·실천 활동, 특히 교수평의원회 일을 많이 한 까닭에 27년의 재직 기간 중 3분의 1 이상을 의장으로 '봉사'하며 겪었던 일 등을 간략히 정리해 '리포트'한다. 사회학적인 연관성이 있는 지점들에서는 그것을 지적해두도록 할 것이다.

이 책을 준비하면서 지난 수십 년간의 교수 생활을 돌아보는 기회를 갖게 되어 감회가 새롭다. 무엇보다 나의 교수 생활을 보람차고 즐겁고 유익하게 지낼 수 있었다는 점이 인상적으로 다가온다. 그런 의미에서 한림대의 여러 선후배 교수, 특히 양은석 교수와 신형철 교수에게 감사의 뜻을 전하고 싶다. '청출어람'이라고 대학원 재학 시절 나의 보디가드 역할을 해주던 인터넷 명강사 최진기 군에게도 스승을 뛰어넘은 제자라는 점에서 나와 한림대를 빛내주어 특별히 고맙다는 인사말을 전하고 싶다. 그리고 최근 몇 년 사이에 항상 내 곁에 있어주면서 간식거리와 정보를 제공하고 토론 상대가 되어준 한림대 사회학과 석사 신현철 군과 한림대 학부생이자 오마이뉴스 시민기자인 오준승 군에게도 고마움의 뜻을 표하고 싶다. 물론 나의 건강과 젊음 뒤에는 아내 남미방 여사(충성!)의 보살핌이 있었다. 그리고 이 책을 흔쾌히 맡아 출판해주신 한울엠플러스 관계자 여러분에게도 감사의 말씀을 드린다.

이 책에 대해 많은 분의 관심과 성원을 부탁드린다. 혹시 책 내용이 사실과 다르다고 생각하거나 의견을 달리하는 분들, 또 내용을 더 자세히 알고 싶은 분들은 이메일(pmyouna@naver.com)이나 페이스북 페이지(facebook.com/palmooyou 또는 페이스북에서 "유팔무 교수의 경제, 사회 안전, 사회학 연구, 강의실" 검색)로 기탄없이 연락해 내용의 정정을 요구하거나 보충 설명을 구해주기 바란다. 개정판을 내게 되면, 더 좋은 책으로 손질하고 보완할 것을 약속드린다.

2016년 12월
유팔무

사회학의 요점 맛보기

사회학이 도대체 무엇을 하는 학문인지 궁금해할 사람들이 있을 것이다. 사실 한마디로 정의하는 일도 쉽지는 않다. 사회학을 문자 그대로 풀어보면, 영어로 '소시오+로지(socio+logy)', 즉 사회를 탐구하는 학문이라고 정의할 수 있다. '로지'는 '논리'라는 말에서 유래하는 '학'이라는 의미이다. 그런데 원래 사회학이라는 학문을 제창한 오귀스트 콩트(Auguste Comte)는 사회질서와 변화를 철학적 혹은 인문학적으로가 아니라 자연과학적으로 탐구하는 학문이 필요하다고 했기 때문에, 그 정신에 따르면 사회학은 '소셜 사이언스(social science)', 즉 사회과학이라고 하는 것이 더 적합할 것이다. 자, 그러면 사회학이 어떤 학문인지, 어떤 독특한 성격을 지니고 있는지, 주로 어떤 것을 탐구 대상으로 삼는지, 탐구 방법으로는 어떤 것들이 있는지에 대해 알아보도록 하자. 이런 것들은 사실, '사회학의 사회학'이라고 할 수 있다. '사회학'이라는 것 자체를 사회현상의 하나로 간주해 사회학적인 눈으로 관찰, 이해, 설명하는 것이기 때문이다.

비판사회학회 엮음, 『사회학: 비판적 사회읽기』(한울, 2012).

1장

사회학의 사회학

1. 사회학의 독특한 성격

1) 사회학이란 어떤 학문인가

사회학이 어떤 학문인지 우선 간단하게 말하자면 '사회현상을 과학적·학술적으로 탐구, 이해, 설명하는 학문'이라고 할 수 있다. '사회현상'이란 인간의 사회생활에서 생겨나는 모든 일을 말하는 것이기 때문에 사회학의 탐구 대상은 매우 넓다. 먹고사는 문제의 해결을 비롯해 언어, 생각, 희로애락의 감정 표현, 제스처, 음식 문화, 예절, 여러 가지 믿음, 환경오염, 온난화, 건강 상태와 유행병, 교육, 보건 의료, 정치, 올림픽 메달 사냥, 생활체육, 과학기술의 응용, 알파고 등등이 모두 사회현상이자 사회학의 탐구 대상이다.

2) 사회학은 어떤 특성을 지니고 있을까

(1) 사회학은 '약방의 감초'와 비슷하다

이 세상에 사회현상 아닌 것이 어디 있을까? 다시 한번 예를 찾아보자. 결혼, 저출산·고령화, 유행, 지역 갈등, 수도권 인구 집중, 자살을 비롯한 수많은 사회문제, 사교육 열풍, 복지에 대한 관심 증가, 1987년 6월항쟁의 발생 원인과 그 결과, 1990년대 초 '서태지와 아이들', '오렌지족'과 '야타족' 등 '압구정동 신세대'의 출현 배경과 그 여파, 1997년 외환위기의 발생과 그 후의 실직·비정규직화·취업난 등을 포함하는 경제위기와 빈부 격차 심화, 사회 양극화, 이 시기를 전후해 출생하고 성장한 사람들, 즉 2010년대 중반의 '청년 세대'의 실업난, '헬조선'과 '3포 세대'라는 유행어, 2006년 광우병 의혹 촛불시위와 '촛불세대'의 등장, 세월호 침몰 사건과 진상 규명 촉구 시위, 2013년 메르스 사태 발생과 정부의 늑장 대응과 병원 봐주기, 2016년 최순실 게이트 발생과 그 결과 등등이 모두 사회현상이다. 사회학은 이 모든 것을 다룰 수 있고, 다루기도 한다. 그래서 사회학에는 정치사회학, 경제사회학, 산업사회학, 노동사회학, 지식사회학, 과학기술사회학, 정보사회학, 교육사회학, 문화사회학, 일상생활의 사회학, 음악사회학, 매스컴사회학, 스포츠사회학, 가족사회학, 성의 사회학, 몸의 사회학, 세대사회학, 군대사회학, 건강과 질병의 사회학, 소비사회학, 술의 사회학 등등 별의별 것이 다 있다. 그래서 사회학은 '약방의 감초'라는 말이 나온다.

(2) 사회학은 세상을 넓고 깊게 보는 눈을 만들어준다

내 경험상 사회학은 '세상 보는 눈'을 만들어준다. 누구나 다 세상을 보는 눈을 갖고 있지만, 사회학은 사회 전체를 보는 눈을 만들어준다. 그것은 사회 전체가 어떻게 짜여 있고, 어떻게 굴러가며, 개개인은 그 안에서 어떻게 살아가는지를 볼 수 있는 특별한 눈이다.

여러 분야의 직업이나 학문은 제각각 세상을 전문가적으로 보는 눈을 가지고 있다. 정치가는 사람을 다 표로, 의사는 사람을 다 환자로, 장사하는 사람은 세상을 다 돈벌이 수단으로, 역사학자는 사물과 세상사를 다 역사적인 산물로 보는 경향이 있다. 일종의 '직업병'이라고 할 수 있다. 분과 학문들은 대부분 각자의 관심 분야 내부를 관찰, 분석, 연구하는 데 치중하는 반면 사회학은 어떤 사회현상을 그 바깥의 여러 현상과 관련짓거나 전체 사회와의 연관 속에서 관찰, 이해, 설명하려 한다는 특징을 가진다. 똑같은 정치나 경제, 똑같은 사건이나 역사를 바라보더라도 사회학은 더 넓은 전체 사회의 틀 속에서, 다른 영역이나 요인과의 연관 관계를 통해서 본다는 특성이 있다. 이런 의미에서 사회학적인 눈은 사물과 인간, 사건과 현상, 그리고 세상을 한층 더 넓고 깊게 바라본다고 할 수 있다.

예를 들어 올림픽 유치, 생활체육 붐, 월드컵 응원 열풍 등 스포츠 관련 사회현상을 특정한 직업이나 분과 학문의 전문가적인 눈으로 보는 것이 아니라 이것들의 정치적·경제적·문화적인 측면들을 펼쳐서 다각적으로 관찰하고 분석하거나 전체 사회와의 맥락 속에서 그렇게 한다. 88올림픽의 경제적인 효과, 국위 선양 효과, 올림픽 유치위원장 선정과 같은 국내 정치적인 의미, 정부가 스포츠 강

국으로 만들고자 한 이유 등을 따지며 종목에 따라 선수복이 다른 점, 사회계층에 따라 선호하는 스포츠 종목이 다른 점, 테니스나 골프, 스키가 대중 스포츠로 변화한 이유, 일부 사람들이 승마를 하는 이유 등을 따져보기도 하는 것이다.

사회학적인 시각은 음식을 보더라도 사회현상으로 보고, 음식 문화로도 본다. 경상도와 전라도, 남한과 북한, 중국과 일본의 음식 문화(수저 문화, 식습관, 술 문화 포함)를 비교하기도 하고, 식습관이 건강과 질병에 미치는 영향을 관찰하고 분석하기도 한다.

그 외에도 다양한 사회현상을 시간적인 흐름 속에서 과거와 비교할 수 있으며 거기서 나타나는 차이와 변화, 그 원인을 탐구하기도 한다. 사회학이 역사학과 다른 점이라 할 수 있는 것은 과거사를 '연대기'식으로 보기보다는 그때그때의 정치적·경제적·사회문화적인 요인 간의 상호 작용을 통해 종합적으로, 넓게, 따라서 더 깊게 본다는 점일 것이다.

3) 사회학의 주된 탐구 대상과 여러 가지 방법

사회에서 발생하는 사회현상이면 다 사회학의 관심 대상이 되지만, 묶어서 말한다면 주된 관심사는 서너 가지로 압축할 수 있다. 사회의 구조와 변화, 사회 탐구 방법, 그리고 사회정책, 즉 문제 해결과 사회 발전 방안을 여기에 추가할 수 있다.

사회의 '구조'란 사회가 어떤 모습으로 짜여 있는지 그 짜임새를 말한다고 할 수 있다. 인체를 해부했을 때 심장, 뇌, 혈관, 근육,

뼈, 피부 등이 드러나듯이 가족, 기업, 정당, 언론기관, 교회 등의 이런저런 구성 요소가 어떤 위치에서 어떤 역할을 하고 서로 어떤 관계 속에 어떤 영향을 미치는지를 탐구한다. 초기의 사회학자들은 사회를 인간, 즉 개개인이 뭉쳐 거대한 유기체를 이루고 있다는 식으로 비유해 파악했다. 물론 인간이나 사회만 구조로 짜여 있는 것은 아니다. 아파트나 원룸도 구조를 가지고 있듯 모든 사물과 자연, 건축물과 언어, 의복 등도 다 구조를 가지고 있다. 이런 구조가 우리의 생활에는 얼마나 큰 영향을 끼칠까? 구조는 짜임새로서 쉽게 바뀌지 않고 오래 지속되는 성질을 가졌기 때문에, 그 안에서 사는 개개인은 엄청난 영향을, 그것도 오랫동안 받을 수밖에 없다. 바로 그렇기 때문에 역사는 쉽게 변하지 않고 역사의 흐름을 바꾸기란 몇몇 개인의 힘이나 노력으로는 '계란으로 바위치기'일 수밖에 없다.

사회구조가 인간 사회의 내부 구성이라는 공간적 측면을 가리킨다면, 사회변화 또는 사회변동은 시간적인 측면을 가리킨다. 사회는, 이 세상은, 어디에서 어디로, 왜, 어떻게 변해왔고 변화해갈 것인가? 이런 점들이 시간적 측면에서 관심의 대상이 된다. 그리고 이 모든 것에 대해 답을 찾는 방법, 그것이 사회 탐구의 방법이다. 그것들을 어떻게, 어떤 방법으로 탐구하는 것이 맞을지 또는 좋을지, 그렇게 해서 얻어낸 결론과 지식은 사실과 부합한다고 할 수 있을지, 얼마나 더 많은 사람에게 설득력 있게 다가갈 수 있을 것인지 하는 점들이 또 다시 탐구의 대상이자 논란거리가 되기도 한다.

사회학이라는 학문을 정의할 때, '사회를 과학적인 방법으로 탐구하는 학문'이라고 하기도 한다. 그렇다면 도대체 그 과학이라는 것은 또 무엇일까? 과학적으로 탐구하고, 이해하고 설명한다는 것은 어떤 의미일까?

사회학은 인간, 사회, 역사의 현상을 더 이상 철학적, 인문학적으로 탐구하지 말고 자연과학적으로, 자연과학이 쓰는 탐구 방법을 본떠서 탐구해야 객관적이고 신빙성 있는 '진리'와 '법칙'을 찾아낼 수 있다고 생각한 콩트 같은 사람이 제창하고 그런 생각에 동조하는 사람들이 만들어낸 분과 학문이다. 그들은 왜 그런 생각을 했을까? 그것은 산업혁명 이후, 증기기관의 발명 등으로 자연과학이 엄청나게 발전하며 잘나가고 있었기 때문이었다.

이 계통의 철학자를 비롯한 학자들은 자연과학에서 세 가지를 본받아왔는데, 첫째는 자연 세계뿐 아니라 인간사회 세계 속에도 영원히 변치 않는 '법칙'과 '진리'가 숨어 있다고 보는 관점이다. 둘째는 경험과 실험과 비교가 '진리 탐구 방법으로는 최고'라는 관점이고, 셋째는 생물학, 특히 찰스 다윈(Charles Darwin)의 진화론을 본받아 사회의 구조와 변화를 생명유기체에 작용하는 '적자생존의 원리'와 '진화'로 파악한 관점이다. 이러한 관점은 '양적 탐구 방법'으로 불리는 '실증주의' 방법과 '구조 기능주의' 관점으로 계승되고 발전해왔다. 이것이 흔히 말하는 '주류 사회학'이다. 물론 술 주(酒) 자가 아니라 메인스트림(mainstream), 주된 흐름이라는 뜻이다. 그러나 사실 '술의 사회학'이라는 분야도 있다.

모든 학문이 '왜'라는 질문에 대답을 찾는 것이라고 할 수 있지만, 실증주의 탐구 방법에서는 사회현상과 사회현상 사이에 원인·결과 관계가 있다고 본다. '왜 이런 일이 생겨났을까', '왜 우리나라는 이 모양 이 꼴이지', '왜 그렇게 되었을까' 같은 질문은 존재하는 어떤 사회현상을 '결과'로 간주하고 그것의 '원인'을 찾는 것이 주된 과제가 된다. '최순실 사태는 왜 일어났을까', '세월호는 어떻다가 침몰했을까', '정부는 왜 진상규명에 적극적이지 않을까' 등등의 질문에 대해 원인을 찾아 결과와 연결 지어 이해하고 설명한다. 두 가지 현상 사이의 원인·결과 관계, 즉 인과관계를 밝히는 작업이 바로 그것이다. 그러나 실제는 이보다 훨씬 복잡해서 원인은 한두 가지가 아닐 것이다.

예를 들어 '1960~1970년대에 한국 경제가 고도성장을 할 수 있었던 이유는 무엇인가'가 질문이라면, 경제적인 요인과 경제 외적인 요인, 정치, 유교 사상, 미국의 이해관계 작용과 배려 등이 답일 것이다. 또한 '저출산·고령화 현상은 왜 생겨났을까'가 질문이라면, 의약·과학기술의 발달, 돈 많이 드는 양육·교육 현실, 의식구조의 변화, 맞벌이의 증가, 취업난 등등이 원인으로 작용했다는 것이 답일 것이다.

그러나 탐구 방법으로는 또 다른 시각이 존재한다. '질적인 탐구 방법'이라고 불리는 '해석적 탐구 방법', '갈등론'이라고 불리는 '유물변증법적 방법' 등이 있다. 이러한 탐구 방법과 사회를 보는 관점과 눈은 고전 사회학자들에 의해 정초되었고, 사실상 오늘날까지 크고 작은 흐름으로 이어지고 있다.

2. 사회를 어떻게 보고, 이해하고, 설명할 것인가: 사회를 보는 관점과 탐구 방법의 다양성

1) 사회란 무엇인가: 세 가지 뜻

첫째, 역사적으로 생성된 협의의 사회 개념은 '연고 없고, 잘 모르던 사람들이 공통의 관심사를 가지고 모여서 어울리는 모임'이라고 할 수 있다. '사회'라는 말은 서양 중세 말기에 전통적인 '공동체'와 성격이 다른 '결사체'가 출현하면서 생겨났다. 그래서 근대적 의미에서의 사회(Gesellschaft, society)는 혈연적 또는 지역적 동질성을 지닌 구성원들로 이루어진 전통적 생활집단인 공동체(Gemeinschaft, community)와 구별되는 것으로서, '이질적인 개인들이 인위적, 의도적인 목적으로 만나 결성한 결사체'라고 할 수 있다. 그 예로는 사교 모임, 취미 클럽, 회사, 학회, 정치조직 등이 있다. 그것의 반대말인 '공동체'는 혈연, 지연으로 인해 본인의 의지와 상관없이 귀속되는 사람들의 집합이라고 할 수 있으며, 그 예로는 가족, 지역, 국가와 민족, 인종 집단을 들 수 있다.

둘째, 확장되어 일반적으로 쓰이는 넓은 의미의 사회는 '두 사람 이상이 모여 상호작용을 하고 관계를 맺는 인간들의 집단'을 말한다. 한국 사회, 국제사회, 인류 사회 등 크고 작은 모든 집단을 포괄하는 인간 집단이 그 예이다.

셋째로 한국에서만 쓰이는 독특한 의미가 있는데, 이때의 사회란 '낯설고 험난한 바깥세상', 그러니까 가정 바깥, 학교 바깥, 군대

바깥에 있는 그런 세상이라는 것이다. 그렇다면, 가정, 학교, 군대는 '공동체' 비슷한 성격을 갖는다는 뜻이 된다.

2) 실증주의의 이해

사회학의 창시자인 콩트는 사회학이라는 새로운 학문을 본래는 '사회물리학'이라는 명칭으로 제안했다. 그런데 후에 람베르 아돌프 자크 케틀레(Lambert Adolphe Jacques Quételet)가 '통계학'을 '사회물리학'이라는 명칭으로 제안한 것을 발견하고, '사회학'이라 바꾸어 제안했다. 그는 철학적인 사유를 통한 진리 탐구 대신에 실증주의 탐구 방법을 제시했다. 그렇다면 그 실증주의라는 것은 무엇인가?

실증주의는 법정에 가면 잘 알 수 있다. '증거 제일주의'라고도 할 수 있기 때문이다. 범인을 확정할 수 있으려면, 증거를 제시해야 한다. 앞서 얘기한 것처럼, 실증주의란 두 가지 이상의 사회현상 사이의 인과관계를 사실적으로 입증해야 객관적이고 과학적이며 믿을 만한 지식을 얻어낼 수 있다고 보는 관점이다. 여기서 '사실적'이라 함은 '경험, 즉 오감을 통해 관찰, 조사, 수집한 증거 자료를 가지고'라는 뜻이다. 자료를 수량화, 즉 수와 양으로 환산하여 엄밀한 통계적 서술과 분석을 통해 주관적인 설명을 피하고, 어느 누가 관찰, 조사해도 동일한 결과에 도달할 수 있는 객관적인 설명과 좀 더 엄밀하고 확실한 설명을 시도한다. 그 예는 다음과 같다.

① A와 B는 아주 친하다? ⇒ 그들은 일주일에 20번이 넘게 통화

나 문자를 주고받는 사이이다.

② 국민 대부분이 박근혜 정부를 지지하지 않는다? ⇒ 100명에게 물어보니 95명이 그렇다고 답했다.

③ '진보적인 사람들은 정부에 대한 지지가 약하고 비판도 심하다. 보수적인 사람들은 그 반대이다'라는 명제를 여론조사를 통해 객관적으로 입증하기 ⇒ '진보'인지 '보수'인지를 판별하기 위해서는 어떤 것을 기준으로 해야 할까? 그 기준을 수와 양으로 환산, 집계, 분석하려면 어떻게 해야 할까? 정부는 또 어떤 정부인가(박근혜 정부? 이명박 정부?), 어떤 정부의 어떤 면을 말하는가(국정수행능력? 신뢰성?), 어느 시기의 정부인가(최순실 사태 이전과 이후 어느 때인가?) 등등을 정해야 한다.

이러한 실증주의 탐구 방법을 실제의 사회현상에 적용해 연구한 인물로 유명한 학자는 에밀 뒤르켐(Émile Durkheim)이다. 그는 '개미 군단'처럼 수많은 인간이 질서 정연하게 살아갈 수 있도록 사회를 하나로 통합해주는 것은 '우리는 하나'라는 식의 '연대 의식'이라고 했고, 이것이 사회의 핵심이라고 보았다. 모래알 같은 수많은 사람을 하나로 묶어주는 그런 것이 없다면, 사회는 존재하지도 유지되지도 못할 것이기 때문이다. 연대 의식의 내용은 통일된 사회규범 또는 가치관이라고 할 수 있다. 그는 이런 사회관을 가지고 '자살'이라는 것을 사회현상으로 간주해 실증적으로 국제 비교 연구를 했다.

그는 '사회 통합'이 이루어진 정도에 따라 자살의 유형을 나누었다. 첫째는 '이기적 자살'이다. 개인적 고통을 벗어나기 위한 자살이라 이기적이라고 했고, 사회 통합이 잘 안 되어 개인의 문제를 사회적으로 해결하지 못해서 발생하는 유형이다(예를 들면 실직, 파산, 정신적 괴로움, 질병, 이혼, 고독 등을 이유로 하는 자살). 두 번째는 '이타적 자살'이다. 남을 위한 자살이라고 하지만, 사회 통합이 과도하게 잘되어 있어 사회규범을 충실히 따르기 때문에 그런 사람들이 하는 자살이라고 했다(예를 들면 순교자, 가미카제 특공대, 자살 테러범, 민주주의를 염원하며 분신자살하는 학생 등). 세 번째는 규범과 가치관의 혼란으로 사회 자체가 하나로 통합되지 못한 상태라 혼란스러운 갈등 속에서 하는 '아노미적 자살'이다. 아노미(a-nomie)란 규범이 없다는 뜻이지만, 사실은 어떤 사회의 규범적 통일성이 깨어진 상태를 말한다. 사회가 격변하는 시기에 구사고와 신사고 사이의 충돌로 혼란이 생겨날 때 이런 아노미적 자살이 늘어난다고 했다. 한국에서는 서양의 자유, 평등, 민주주의 가치관이 들어와서 기성 사회의 유교적 권위주의 가치관과 충돌하며 혼란이 빚어진 시기에 가치관의 혼란 때문에 일어난 자살이 그 예가 될 수 있다.

3) 사회유기체론과 사회진화론, 그리고 기능주의 이론

영국의 허버트 스펜서(Herbert Spencer)는 인간사회를 유기체, 초유기체에 비유해 파악하는 '사회유기체론'을 편 대표적인 고전 사회학자이다. '하느님이 인간을 포함해 지구상의 모든 생명체를 창조하시었다'라고 한 '창조설'을 부인한 다윈의 『종의 기원』에 관한 탐구, '적자생존에 의한 진화' 이론을 본떠 그렇게 했던 것이다.

'진화론'과 '사회진화론'은 여러 방향으로 계승, 적용, 발전했다. 그 가운데 적자생존론은 순혈주의 등으로 나치에게 이용되어 유태인 학살의 명분을 제공하기도 했고, 역사학자 아널드 토인비(Arnold Joseph Toynbee)는 잉카·마야 문명이 무너진 이유를 적자생존의 원리로 설명해 제국주의 문명권의 침략 행위를 정당화하기도 했다. 다른 하나는 '분업'의 발달을 진화, 진보, 발전으로 인식하면서 존재하는 사회의 모든 구성 부분(기업, 정당, 학교, 교회, 병원 등)이 사회유기체의 '생존'에 꼭 필요한 일들을 분업하고 협업해 맡아서 하고 있다고 보는 '구조 기능주의'이다. 이러한 관점은 1950~1960년대 미국의 탤컷 파슨스(Talcott Parsons)가 체계화했고, 로버트 머튼(Robert Merton)은 이를 더 정교화시켰으며, 오늘날 일반인 사이에서도 흔히 발견되는 관점이다.

파슨스는 전체 사회의 유지와 작동에 필수적인 기능이 무엇인지를 먼저 가려낸 후, 이런 기능을 담당하는 사회 구성 부분을 네 가지 영역으로 묶어서 나누었다. 그리고 이 구성 부분들이 분업적이고 협업적인 관계를 맺고 상호작용을 하면서 전체 사회에 대해서도 조화를 이룬다고 했다. 그는 이 네 가지를 AGIL이라고 이름 붙였는데, A는 적응 기능(Adaptation; 가족이나 기업 등), G는 목표달성 기능(Goal-attainment; 정당처럼 어떤 목표를 위해 물자와 인력을 동원해 활동하는 부분), I는 통합 기능(Integration; 교육이나 법제도·기관 등), L은 잠재적 기능(Latency; 사회 구성원에게 문화를 생산·보급하고, 삶의 의미를 부여해주고 스트레스도 풀게 하는 종교·문화예술·오락 등)을 의미한다고 했다.

이러한 사회관은 색다른 탐구 방법을 빚어냈다. '기능적 이해와 설명'이라고 하는 것이다. 여기서는 인과관계를 따지지 않고, 사회 내의 어떤 구성 부분(sub-structures, 하위 구조)이 전체 사회가 생존하고 유지, 작용을 하는 데 어떤 역할과 기여, 즉 기능을 하는가를 분석해내는 것이 의미 있는 지식이라고 본다. 그렇게 이해하고 설명하기 위해 기능을 묻는다. 병원의 기능은 무엇인가? 학교의 기능은 무엇인가? 정당의 기능은 무엇인가?

예를 들면 가족은 사회 구성원의 생산, 교육, 재생산, 안식처 제공 등의 기능을 한다. 기업의 기능은 물자와 서비스의 생산, 공급을 통해 생존과 경제를 가능하게 하는 것이다. 빈민층의 기능은 중산층에게 만족감을 제공하고, 저가 상품을 소비하며, 3D 업종의 일을 처리하는 것 등이다.

그러나 이와 같은 이해와 설명 방식은 비판과 반대에 부딪혔다. 이것은 이현령비현령이 아닌가? 존재하는 모든 기관과 단체가 필요하고, 긍정적인 역할만 하고, 공식적인 설립 목적에 부합하는 역할만 한다는 것이 사실인가? 그것은 모든 것을 현재의 사회체제와 질서를 정당화하는 것으로 보는 보수적 시각이 아닌가? 이에 대한 반론 차원에서 머튼은 기능의 종류를 기능(순기능)과 역기능으로, 가시적으로 드러난 공식적·현재적인 기능과 드러나지 않는 잠재적인 기능으로 나누어 설명을 하고자 했다.

예를 들면 빈민층의 존재가 순기능만 하는 것이 아니라 때로는 불만의 표현과 저항을 통해 사회불안을 조성하는 '역기능'도 한다고 설명한다. 또 기업과 교회는 복지사업을 통해 국민 행복을 늘리는 '잠재적 기능'을 하는 한편 '비자금'을 조성해 정치자금을 헌납하는 기능, 자금 추적을 어렵게 만드는 '돈세탁' 기능을 잠재적으로 하기도 한다고 설명한다.

4) 카를 마르크스의 유물변증법적 사회관과 탐구 방법

앞에서 설명한 학자들은 사회를 구성하는 개인이나 기관, 단체, 그리고 전체 사회와의 관계를 매우 협력적이고 조화롭게 보는 관점을 취하고 있는 반면 카를 마르크스(Karl Marx)는 사회 계급 사이의 지배·피지배 및 그로 인한 갈등 관계가 사회의 구조와 변화에서 가장 중요한 요인이라고 보았다. 마르크스는 독일 관념론 철학의 대부라 할 수 있는 게오르크 헤겔(Georg Wilhelm Friedrich Hegel)에게서 배웠으나, 그의 '관념변증법'을 뒤집어 '유물변증법'을 창시했고, 그런 관점에서 세상과 세상의 변화를 봐야 과학이라고 주장했다. 유물론이란 사회생활과 역사를 경제 중심으로 파악하는 관점을 말하며, 변증법이란 '모든 사물은 변화한다. 그렇지만 지그재그로, 정반합의 과정을 통해 변화한다'고 보는 관점이다.

마르크스는 사회 전체가 먹고사는 문제를 해결하는 방식, 즉 경제생활의 구조는 시대에 따라 변천해왔고, 원시 공산 사회를 뺀 나머지 역사시대를 돌아보면, 항상 경제 차원에서의 계급적인 분열과 지배·피지배 관계, 이로 인해 발생하는 갈등이 현대 자본주의 시대에 이르기까지 역사를 이끌어왔다고 한다. 그래서 사회는 항상 현재 상태를 좋은 것으로 보아 유지하고자 하는 지배·보수 세력과 변화시키고자 하는 피지배·진보·저항 세력 사이의 갈등으로 얼룩져

왔고, '정반합'의 '정'[테제(These); 헤겔에서의 '명제']은 보수 세력을 의미하고, '반'[안티테제(Anti-These)]은 현 체제를 비판하며 더 나은 상태로 변화시키고자 하는 진보 세력을 뜻하며, 이들이 벌이는 저항운동과 혁명운동의 결과로 정과 반을 종합하는 '합'[진테제(Syn-These)], 그러니까 한 단계 더 높은 사회 발전 단계로 넘어간다고 보았다.

그래서 그는 사회 탐구도 이런 관점에서 해야 과학적이라고 주장했다. 첫째, 사회구조를 관찰·이해·설명하려고 한다면, 크게 두 부분, 즉 경제생활의 영역과 그 외의 영역으로 나누어서 보아야 한다고 했다. 둘째, 그 구성 부분 사이의 관계는 경제가 기초인데 나머지 생활 영역은 그것을 바탕으로 가능하고 거기에서 커다란 영향을 받기 때문에, 그런 관점에서 구성 부분 사이의 관계를 탐구해야 한다고 했다. 셋째, 사회변화를 탐구할 때에도 마찬가지 방식으로 경제 영역에서 발생하는 지배계급과 피지배계급 사이의 갈등 관계를 중심으로 보아야 한다고 했다.

5) 다원주의적 지배·갈등론과 '해석적 탐구 방법'

다원주의적 지배·갈등론을 대표하는 학자는 막스 베버(Max Weber)이다. 그는 마르크스의 경제 중심적이고 계급 중심적인 지배·갈등론을 비판적으로 계승했으나, 세계와 세상만사를 개체주의적 관점(individualistic perspective)에서 보았다. 여기서 말하는 개체주의란 무엇인가? 그것은 세상 만물이 모두 개별적이고 유일무이(unique)하고, 인간 사회의 역사상 있었던 일, 발생한 사건도 모두 일회적이어서 반복되지 않는다고 보는 관점이다. 그러니 이런 인간과 사회의 세계에 무슨 객관적인 환경으로서의 사회구조가 있고, 자연세계에서처럼 객관적이고 불변하는 법칙이 있겠느냐고 회의적인 눈으로 세상을 바라보는 관점인 것이다.

그래서 베버는 사회학이라는 학문이 있지도 않은 '구조'와 그 변화의 인과관계나 법칙성을 탐구하는 학문이어서는 안 되고, 개개인에 주목해서 그들이 서로, 사회적으로 어떻게, 어떤 '행위'를 하느냐를 탐구하는 학문이어야 한다고 했다. 인간의 삶과 행동은 주관적인 성질을 가지고 있으며, 내면세계에서 작용하는 주관적인 '동기'에 의해서 좌지우지되는 것이기 때문에, 내면세계에 주목해야 하고, 그것을 알고 이해해야 인간의 행위, 그들 사이의 관계를 제대로 파악할 수 있다고 보았다. 그도 그럴 법한 것이, "열 길 물속은 알아도 한 길 사람 속은 모른다"라는 속담도 있지 않은가. 그래서 그는 사회학을 자연과학적으로 사회를 탐구하는 학문이 아니라, '인간들의 사회적 행위를 이해해내는 방법으로 탐구하는 학문'이라는 식으로 정의했다.

그래서 베버는 사회학적 탐구에 필요하다는 판단에서 인간의 사회적 행위를 네 가지 유형으로 나누었다. 수단·목적 합리적 행위, 가치 합리적 행위, 관습적 행위, 감정 표출적 행위가 그것이다. 첫번째, 수단·목적 합리적 행위는 돈, 권력, 명예의 획득 같은 '세속적인 목적'을 달성하기 위해 가장 효과적인 수단과 방법을 취하는 행위이다. 두 번째, 가치 합리적 행위는 어떤 규범이나 가치관을 신봉하면서 그것에 합당하며 이성적인 판단에 부합하는 행위를 말한다.

뒤르켐의 자살 유형과 비교하면, '이타적 자살' 행위가 여기에 속한다고 할 수 있으나, 그런 행위도 '합리적'이라고 보는 점에서는 뒤르켐과 다르다. 베버는 나머지 두 가지 유형인 관습적 행위와 감정 표출적 행위는 '합리적'이라고 보지 않았다. 그 이유는 무엇인가? 인사하기, 절하기, 결혼식, 학교 졸업식 등등의 관습적인 행위나 세리머니는 생각 없이, 머리를 통과하지 않고, 남들이 하니까 그냥 따라서 하는 행위이기 때문에 합리적이지 않다는 것이었다. 그리고 음악 공연, 대학가 축제, 부흥회 같은 종교적인 행사 등에서 하는 행위 역시 이성적인 것이 아니라 감정적인 것이고 감정을 그대로 표출하는 행위라고 보아 '합리적'이지 않은 행위 유형이라고 했다.

베버도 마르크스처럼 갈등론을 편 학자로 분류된다. 그러나 마르크스와 달리 다원주의적 지배 및 갈등 이론을 편 사람이다. 인간 사이의 지배·피지배와 갈등 관계는 경제 영역에만 있는 것이 아니고, 경제 영역에서의 지배·피지배와 갈등 관계가 경제 외적 영역에서의 정치적 갈등, 사상적 갈등 등으로 전염, 전파되는 것도 아니라고 보았다. 그것들은 제각각 독립적으로 존재하고 영향력을 발휘한다는 것이었다. 그렇다면 정치 이념적인 갈등은 어디에서 연원하는 것일까? 마르크스식으로 설명을 한다면 어떻게 될까? 베버식으로 설명을 한다면 어떻게 될까? 이런 점들을 생각해본다면, 그들 사이의 차이가 무엇인지 어느 정도는 알 수 있을 것이다.

베버는 인간 사이의 지배 및 갈등의 영역 또는 차원을 셋으로 나누었는데 돈, 권력, 명예라고 할 수 있다. 그것은 경제 차원의 '계급', 정치권력 차원의 '정당', '가문'이나 교육적·문화적 차원의 '신분'(집단)으로 나타난다.

그는 계급을 마르크스와 달리 경제구조 결정론적으로 보지 않고, 계급이 낮은 단계에서 높은 단계로 발전하는 것이 자동적이지 않다고 보았다.

정당과 관련해서 그는 두 가지 점에서 커다란 공헌을 했다고 할 수 있다. 정당에서는 권력이 중심이기에 권력 개념을 "타인의 저항에도 불구하고 자신의 의사를 관철시킬 수 있는 능력이다"라고 정의 내린 것은 사회학에서는 물론, 정치학에서도 유명하다. 그는 이러한 권력에는 또다시 두 가지 종류가 있다고 했다. '벌거벗은 권력'과 '정당화된 권력'이 그것이다. 그는 후자를 '권위'라고 불렀다. 그리고 권위의 지배 방법과 유형을 '카리스마적 지배', '전통적 지배', '법적·합리적 지배'로 다시 나누었다.•

'신분'이라는 것은 본래 고대와 중세, 동양과 서양을 막론하고, 왕족이나 귀족(noble, 고상한 사람들이라는 뜻), 평민이나 상민(보통 사람

• 첫째, 카리스마(은총, 신으로부터 받은 초월적인 능력)적 권위에 의한 지배란 피지배자들에게 '그런 초인적인 능력을 지닌 분이니, 우리 모두가 지배받고 복종하는 것은 당연하다'는 생각을 만들어줌으로써 정당화된 지배이다. 그러한 지배 혹은 지배자의 예로는 아마도 예수나 마호메트, 나폴레옹이나 히틀러, 이성계나 김일성 같은 사람들을 꼽을 수 있을 것이다. 둘째, 전통적 지배에서 전통이란 혈통을 통해 선대의 권위를 이어받았다는 뜻으로서 그렇기 때문에 복종을 해야 하고 지배가 정당하다는 생각에 기초를 두고 있는 지배의 유형이다. 셋째, 법적·합리적 지배란 권위와 지배의 정당성을 합리적으로 법적인 절차와 규정을 만들어 부여하는 데에서 확보하는 것으로, 선거제도를 통해 선출된 대통령이 갖는 권위와 지배의 정당성을 가리킨다.

이라는 뜻), 그리고 그 아래 '천민'으로 나누던 신분제도 하의 신분을 가리키는 말이다. 그러나 베버는 다른 뜻으로 사용했다. 베버가 사용한 '신분'의 뜻은 폐쇄적인 '상류사회', 사교 집단이면서 자기들만의 이권을 공유하는 집단을 가리키는 것이었다.*

---

* 이 장에 대한 심화 학습을 위해서는 비판사회학회의 『사회학: 비판적 사회읽기』(한울, 2012) 제2장을 참조하기 바란다.

2장

'알파고'와 경제, 노동

　　　　　　　　　　　우리는 왜 사회학 이야기를 하면서
인공지능 바둑 선수 '알파고'를 들먹이는가? 인공지능이 위대한 능
력을 보여주지만, 많은 사람의 '일자리'를 빼앗아가기 때문이다. 인
공지능의 등장으로 없어지는 직업도 여러 가지 많다고들 한다. '알
파고' 같은 인공지능, 거슬러 올라가면 컴퓨터와 인터넷, 기계의 발
명과 응용 등은 과학기술의 발달이다. 그것들은 우리 인간의 삶과
그 기반이 되는 경제생활, 나아가 사회 전체의 삶과 경제생활을 편
리하게 해주는 대신, 실업문제를 야기하고 실업에 따르는 고통과 부
담을 안겨주었다. 이는 먹고사는 문제, 따라서 생존의 문제이기 때
문에 중요한 일이 아닐 수 없다. 어쩌면 인공지능보다 컴퓨터와 인
터넷이 더 많은 일자리를 빼앗아갔을지도 모른다. 1990년대 이전의
은행과 요즘 2000년대의 은행의 지점 수와 직원 수, 업무 처리 방식
과 모습을 대조해보면, 너무 많은 변화가 일어나 놀라지 않을 수 없

을 것이다.

우리는 또, 어째서 알파고와 경제 및 노동 문제부터 거론하는가. 먹고사는 문제를 해결하는 것이 생존의 문제를 해결하는 것이고 그것이 다른 무엇보다 중요하기 때문이다. 전기밥솥, 냉장고, 세탁기, 전자레인지 등등의 가전제품이 가사에 소요되는 시간을 단축시켜주었다 해도, 먹고사는 문제를 해결하는 데에는 어마어마한 시간이 들어간다. 흔히 먹고사는 것은 의식주 문제를 해결하는 것이라고들 얘기하지만, 실상은 그보다 더하다. 일자리를 구해 돈벌이를 해야 하고, 삼시 세끼 밥을 먹기 위해서는 장을 보고, 요리하고, 설거지하고, 쓰레기도 버려야 한다. 두 끼 밥은 사먹는다 하더라도 시간이 들어간다. 그렇다고 세수, 면도, 화장은 안 하나? 화장실은 안 가도 되나? 잠은 안 자도 되나? 잠을 안 자고 다음 날 돈을 벌거나 삼시 세끼를 제대로 먹을 수 있나? 공부는 할 수 있나? 모바일 게임은 할 수 있나?

우리가 시간으로 따지면, 100년을 산다고 치더라도 하루 8시간 일하고, 8시간 잠자는 시간만 쳐도 66년을 그렇게 보낸다. 먹고사는 문제는 그만큼 비중이 크고 우리 삶의 대부분을 차지하기 때문에 이 문제부터 이해하고 따져봐야 하는 것이다. 정치생활이나 사회문화생활은 그 문제를 해결한 후에나 가능하다. 그러나 이것들도 경제생활만은 못하기는 하지만 사회적인 삶에서 꼭 필요한 일이다. 그래서 사회탐구에서도 정치와 사회문화 문제를 빼놓을 수는 없다. 전체 사회 안에서 각각의 생활 영역이 어디에 위치하고, 어떤 관계를 맺고 있는지를 그려본다면, 〈그림 1〉과 같다고 할 수 있다.

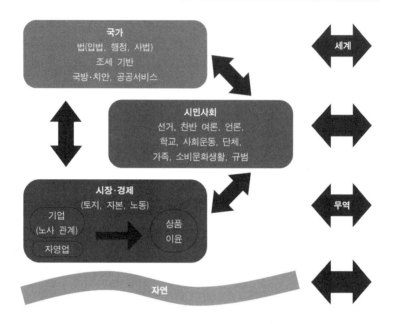

그림 1 사회의 3층 구조와 순환 단계

국가
법(입법, 행정, 사법)
조세 기반
국방·치안, 공공서비스

세계

시민사회
선거, 찬반 여론, 언론,
학교, 사회운동, 단체,
가족, 소비문화생활, 규범

시장·경제
(토지, 자본, 노동)

기업
(노사 관계)
자영업

상품
이윤

무역

자연

　그래서 우리는 경제와 노동 문제부터 알아보고 계급 문제, 국가
와 정치, 시민사회와 '3포 세대', '헬조선'의 사회문제, 그 해결 방안
의 하나인 복지국가 문제를 순차적으로 알아보려고 한다.

1. 자본주의 시장경제의 특징과 문제

1) 자본주의 사회란 어떤 사회인가

자본주의란 경제 원리의 하나이자 경제체제의 하나이다. 그 반대는 사회주의 또는 공산주의이다. 자본주의 사회란 자본주의 시장경제 시스템을 기반으로 짜이고 굴러가는 사회를 말한다.

'경제'란 본래 '절약'이라는 말에서 출발하지만, 인간의 삶에 필요한 물자와 서비스를 '사회적으로' 생산, 교환, 소비하는 과정과 방식이라고 할 수 있다.

물자와 서비스(goods & services)는 재화와 용역이라고도 한다. 그런데 물자를 왜 하필이면 '좋은 것들(goods)'이라고 하는 걸까? 아마도 인간의 삶에 필요하고 좋은, 혹은 유용한 물건이기 때문에 그렇게 부를 것이다. 그리고 서비스는 '공짜', '선물'이라는 뜻을 가지고 있는 등 한마디로 정의하기 어려운 복잡한 용어이지만, 무형의 좋은 것이라는 의미가 핵심일 것이다.

생산은 만들어내는 것이다. 물건이나 서비스는 물론, 아이도 생산한다.

교환은 각자 소유한 것과 필요한 것을 시장에서 서로 바꾸어 갖는 것이다. 현대사회에서는 돈, 즉 화폐를 매개 수단으로 삼아 시장에서 교환이 이루어진다.

시장은 물물교환 시절부터 물건과 서비스를 사고파는 장소를 말하며, 그런 장소는 여러 곳에 있다. 인터넷 공간에서도 24시간

'장'이 열리고 있다. 해외직구도 '국제시장'인 그곳에서 이루어진다. '국제시장'은 부산에만 있는 것이 아니다. 한국과 미국, 한국과 중국 사이에도 '국제시장'이 있다.

소비에는 두 종류가 있다. 생산을 위한 소비가 있는 반면, 흔히 '최종 소비'라고 하는 협의의 소비도 있다. 예를 들어 에너지 소비는 어디에 들어갈까? 어떤 에너지인지에 따라 답이 달라질 수 있다. 어쨌든 이 최종 소비는 생산과 교환이 이루어진 후에나 가능하고, 1차적으로는 가족을 중심으로 한 시민사회(일상적인 사회문화생활, 사회단체, 언론기관, 학교, 종교기관과 그 단체의 활동 포함)에서, 2차적으로는 국가와 정치 영역, 정치사회에서 소비가 이루어진다.

가족과 국가는 이러한 소비를 기초로 유지되고 활동한다. 가족은 잠자리하고 애를 낳아 기르고 구성원을 서로 보호하고 다투기도 하면서 가족 구성원이 내일도 정상적으로 생활하고 활동하고 일할 수 있게 해준다. 그래서 다시 경제 영역의 생산으로 연결되고, 그 모든 과정은 반복 또 반복된다.

국가와 정치도 같은 연쇄 고리 안에 위치해 활동한다. 가족과 기업에게서 세금을 거두어 입법부·행정부·사법부의 공무원과 공직자들에게 월급과 세비를 나누어주며, 이를 기반으로 또는 그 대가로 국방, 치안 등의 공공서비스를 납세자 가족과 기업 등의 사업체에게 제공하며, 또 먹고산다. 그사이에 전투기나 경찰차, 의복, 건축자재 등 공공서비스에 필요한 물자와 서비스를 세금으로 구매해 공공서비스를 제공한다. 여기서도 역시 국방, 치안, 재난사태 대비 등의 활동이 정상적으로 이루어질 수 있는 여건이 마련되어 다시 내일로 이어지고 연쇄 순환과정이 마찬가지로 반복 또 반복된다.

2) 자본주의 시장경제의 핵심적 특징

자본주의 시장경제의 첫 번째 특징은 '자본'이 전체 사회와 그 구성원들, 가족과 국가의 경제생활을 주도한다는 점이다.

그렇다면 자본이란 무엇인가? '돈벌이를 위해 투입되고 사용되는 돈'이다. 돈은 본래 시장에서 물건과 서비스를 교환하고, 유통되게 하는 데 사용되던 수단이었으나, 돈벌이에 쓰이는 돈은 특별한 돈이라고 할 수 있다. 그럼 사람들은 무엇 때문에 돈벌이를 하는 걸까? 보통 사람들은 대개 먹고살기 위해서 돈벌이를 하지만, 돈을 자본으로 바꿔서 돈벌이하는 사람들, 즉 자본가들은 기업체를 만들어 물자와 서비스를 생산, 공급하면서 이를 통해 먹고살 뿐 아니라 지금보다 더 큰 부자가 되려고 한다. 그래서 기업의 목적은 '영리 추구'라고 하지를 않는가. 학교와 병원이 비영리법인인 것과는 달리 기업은 법적으로 '영리법인'으로 되어 있다. 그래서 자본이 경제생활을 주도한다는 것은 영리 추구를 목적으로 한 자본이 전체 사회와 그 구성원들의 경제생활을 주도한다는 얘기이다.

두 번째 특징은 노동자를 고용해서 이윤을 추구하는 '기업'이 경제를 주도한다는 점이다. 자본을 투하하면서도 자기가 직접 노동을 하는 '자영업' 형태의 '사업체'도 있지만, 관례적으로는 5인 이상의 노동자 또는 종업원을 고용하는 사업체를 기업으로 간주하며, 기업이 전형적인 자본주의적 사업체가 된다.

세 번째 특징은 '시장'을 매개 수단으로 삼아 생산, 판매, 이윤 획득을 한다는 점이다. 돈벌이에 자본을 투자하는 사람은 일단 채산성이 있고, 돈벌이가 잘될 만한 업종을 선택해 기업을 만든다. 그리고 설비, 원료, 노동력 등을 시장에서 구입해 특정한 물건과 서비스를 생산하고, 생산물을 시장에 내다 팔아 이윤이 포함된 돈, 즉 판매 대금을 회수해 그 돈을 나누어 일부는 원료, 노동력 등에 재투자하고 일부는 이윤으로 남긴다.

그러나 시장은 동종 업체들 사이의 치열한 판매 경쟁이 벌어지는 장소이고 생산된 물건을 팔지 못하면 투자한 원금을 회수하지 못할 뿐 아니라 이윤 획득은커녕 여러 가지 손해를 보게 된다. '재고'는 자본가 혹은 기업가에게 일종의 '쥐약'이다. 재고 물품은 보관비용을 추가로 들이게 만들고, 변질하거나 손상될 수 있으며, 시기에 뒤떨어진 낡은 제품이 되어서 더 팔기 어렵게 되기도 하기 때문이다. 이런 일이 계속될 경우, 기업은 적자를 볼 수 있기 때문에, 생산량을 줄이고 노동력을 줄여야 한다. 그리고 더 싸고 더 좋은 제품을 생산하거나 신제품, 신상품을 개발해 시장에 내놓아야 한다. 결국 기업은 시장에서의 치열한 경쟁에서 살아남고 이윤 획득을 계속해 나가기 위해 '저비용‧고효율'의 원리에 따라 상품을 생산하게 된다. 이것이 네 번째 특징이다.

자본가 혹은 기업가는 '저비용‧고효율의 원리'에 따라 생산비용을 최소화하려는 노력을 기울인다. 치열한 시장 경쟁 때문이다. 강도 높은 노동과 인건비 절감, 과학적인 공법과 기계를 이용해 제품 생산의 속도를 높이려고 한다. 이런 노력의 결과, 노동자는 장시간‧

저임금 노동으로 몰리기 쉽고, 기계와 자동화로 대체되어가는 경향이 생겨나 일자리가 줄어들고 해고와 실업의 압력에 직면하게 된다. 컴퓨터와 인터넷, 인공지능을 이용한 생산이나 판매는 바로 이러한 저비용·고효율의 원리에서 비롯된 것이며, 그것이 낳는 부정적인 결과 역시 일자리 감소와 실업 압력의 증가이다. 그리고 바로 이러한 원리 때문에 자본주의 시장경제하에서는 항상 노사 간의 이해 상충과 갈등이 벌어지며, 이것이 바로 다섯 번째 특징이다.

여섯 번째 특징은 '무정부적인 생산·판매' 시스템이라는 점이다. 자유시장경제 원리에 따라 각 기업은 따로따로 생산 품목과 양을 결정해서 생산하고 판매하기 때문에 물품의 수요와 공급이 맞아떨어지는 일이 적고 불일치하는 일이 자주 벌어지게 된다. 애덤 스미스(Adam Smith)의 이론대로 '가격'으로 수요와 공급의 균형을 맞추어가기는 하지만, '사후약방문'이라는 말처럼 항상 사후적으로, '재난'이 발생한 후에나 조절이 되기 때문에 이른바 '시장의 실패'가 발생한다.

수요가 많은데 공급이 적으면, 물건을 사기 어려워 가격이 올라가고, 그에 따라 기업들의 공급량이 늘어난다. 장사가 잘되기 때문이다. 반대로, 수요가 적은데 공급이 더 많으면, 물건이 안 팔리고 가격이 내려간다. 기업들 사이의 판매 경쟁 때문이다. 그래도 물건은 덜 팔리고 재고로 남게 된다. 그래서 다음번에는 생산을 줄이고 일감을 줄여 수요에 맞춘다.

그러나 수요에는 한계가 있고 소비의 필요와 욕구가 충족되면, 새로운 물품에 대한 소비가 새로 생겨나기 때문에, 기업들은 더 유용하고 편리하고 질 좋은 제품을 만들어 공급하고, '신상'이라 불리는 새로운 제품을 새로 생산하게 된다. 스마트폰이 '신상'으로 개발된 이유는 거기에 있다. 이렇게 개발되고 공급된 '신상'은 동종 업체들이 대부분 구식 핸드폰을 생산, 공급하고 있는 상황에서는 불티나게 팔리고 '대박'을 터뜨린다. 그리고 스마트폰을 처음 개발하고 판매한 기업은 '떼돈'을 벌고, 기존 업체들은 '재고'에 시달리게 되어 스마트폰 생산기술을 뒤쫓아 개발하거나 더 품질 좋은 스마트폰 개발에 나서는 경쟁이 생겨나고, 이제 생산자나 소비자의 관심사는 모두 다 스마트폰으로 업그레이드된다.

무정부적 생산·판매 시스템은 수요와 공급의 불일치를 낳고, 그 때문에 경제 불안과 자원 낭비도 초래한다. 농민들은 무, 배추, 토마토가 풍년이 들면 좋아할 일이 아니라 걱정할 일이 생긴다. 가격의 폭락을 막기 위해 그것들을 갈아엎기도 한다. 공급을 줄여 가격 안정을 꾀하고 생산비용을 되찾기 위해서 하는 일이라 해도 자원 낭비일 수밖에 없다.

사회 전체적으로 보더라도 경제가 불안정해진다. 왜 그럴까? 시장경제는 호경기와 불경기 국면 사이를 왔다 갔다 하면서 발전한다. 경제가 좋아져 과열된 투자와 생산이 이루어지면, 생산물이 안 팔리고 가격이 폭락하는 위기와 경기 침체 국면으로 넘어가는 일이 발생하고, 경제공황이 될 수도 있다. 여러 가지 노력을 통해 경기가 회복되어가면서 다시 호경기 국면으로 넘어가고, 그 사이클이 이어지는 것이 일반적이기 때문이다. 그래서 실업의 유형 중에는 '경기순환'에 따라 발생하는 '경기순환적 실업'이 있다. 정부는 경제를 안정시키기 위해 시장에 개입하지 않을 수 없기에 경기 부양책 혹은 경제 활성화 정책을 편다. 박정희 정부처럼 건설 붐과 부동산 투기를 조장하는 경기 부양책을 쓰거나, 박근혜 정부처럼 경제 활성화 정책의 일환으로 국민에게 소비를 좀 더 많이 하라고, 일하는 평일을 갑자기 '임시 공휴일'로 선포하기도 한다.

심화 학습 자료 소유의 뜻과 여러 가지 소유제도

1. '소유'(사유)란 무엇인가

1) 내 것이라는 생각, 행동, 권리 주장, 법적 권리

 - '이건 내꺼야'라는 배타적인 생각, 행동, 권리주장(예를 들면 국경 표시)

 - 연인과 배우자는 서로 소유물인가? 왜 "넌 내꺼야"라고 말할까?

2) 점유(실제적인 소유; 생각, 행동, 주장)와 법적 소유(법으로 보장받는 소유)

 - 법적 소유권은 국가로부터 인정받고 보장받는 권리

 · 국제적으로는 분쟁으로 이어지는 경우가 많다. 국가 간 소유권 주장이 엇갈리는 영토분쟁이 그 대표적인 예이다.

3) '지적 소유권'이란 무엇인가

 - 아이디어를 내 것이라고 국가에 신고해 인정받고 보호받는 소유권

2. 소유의 종류

1) 사적 소유와 공적 소유, 즉 사유와 공유

 - 개인의 소유와 집단의 공동 소유

2) 공유의 여러 형태: 국유, 자치단체 소유, 조합 소유, 공동체 소유, 문중 소유 등

2. 자본주의 시장경제의 역학

자본주의 시장경제는 매우 다이내믹하다. 이윤을 추구하고 생산의 효율성을 높이기 위해 신기술을 적극 개발해 과학기술을 급속도로 발전시켜왔다. 경쟁에서 승리하고 이윤을 많이 획득하고 축적하는 데 성공한 기업은 점점 더 규모가 커지고 부자는 더 큰 부자가 되게 만들어왔다. 삼성이나 현대 그룹을 보라. 재벌 기업의 총수는 또 얼마나 큰 부자인가. 경쟁에서 가까스로 살아남은 중소기업이나 자영업체는 어떤가? 경쟁에서 실패해 폐업한 기업이나 자영업체들은 얼마나 많고, 그 후에는 어떻게 먹고살았을까? 신기술에 뒤처지고 밀려나 실업자로 전락한 노동자는 또 얼마나 많을 것이며, 실업자가 된 후로는 어떻게 먹고살았을까? 자본주의의 역학(dynamics)은 '부익부 빈익빈' 현상과 '사회 양극화' 현상을 도처에 만들어내었고, 세월호 사건에서처럼 '가만히 있으라'고 해서 가만히 있으면 이런 일이 앞으로도 계속 반복될 것이다.

1) 세계 자본주의 시장경제의 변화

세계의 자본주의가 언제, 어디서 시작되었는가, 산업혁명 이전부터인가, 그렇지 않은가, 동양인가, 서양인가 등에 대해서는 학설이 분분하지만, 18세기 중반에서 19세기 초반, 영국의 산업혁명 시기부터 기계제 공업 생산이 이루어졌을 때라고 하는 것이 정설로 되어 있다. 한국의 자본주의가 언제 시작되었는지를 놓고도 논란과 학설이 분분했다. 조선시대 말기, 일제 식민지 시기, 박정희 집권 시기 등으로 갈라지지만, '박정희설'이 대세를 이루었다. 기술적 측면에서 본다면, 수공업적 생산이 중심을 이루다가 기계에 의한 공업적인 대량생산이 이루어지면서 그것이 생산의 대세를 이루는 때라고 할 수 있을 것이다.

유럽에서, 따라서 세계에서, 자본주의는 중상주의 경제 이론에 기초한 국가정책과 함께 출발했다. 중상주의란 상거래와 무역에서 부가 생산된다고 보고, 국가가 이를 장려하고 지원하는 정책이라고 할 수 있다. 유럽은 이런 이론과 정책에 따라, 그리고 부를 늘리려는 욕심에 따라, 세계의 다른 지역을 식민지로 개척해 자원을 탈취하고 불평등 무역을 했다. '지리상의 발견', '항해술의 발달', '나침반의 발명', '항로와 지도의 발달', '실크로드의 개척', '서인도 제도와 미 대륙의 발견, 식민지화, 토착 인디언의 대량 학살, 잉카문명의 몰락' 등은 다 그 연장선상에서 이해할 수 있다. 박정희 정권도 중상주의 정책을 택해 무역으로 한국 경제를 발전시켰으나, 국내의 시장과 기업을 보호하고 살리기 위해 '보호무역정책'을 폈고, 수입은 막고 수

출만 늘리는 정책을 폈다.

그러나 기계제 생산 시스템은 초창기부터 노동자의 일자리를 빼앗아갔고, 이를 체험한 영국의 노동자들은 '기계파괴운동(러다이트운동)'을 벌였다. 영국과 유럽의 중상주의는 세계의 대부분 지역을 그들의 식민지로 삼았다.* 그리고 20세기로 넘어와서는 국가들 사이의 식민지 개척과 확보 경쟁이 더욱 치열해지면서 두 차례에 걸친 세계대전을 불러일으켰다. 그사이 노동운동은 이미 19세기부터 자본주의를 '파괴'해 좀 더 자유롭고 평등한 세상을 만들자고 하는 '사회주의', '공산주의', '무정부주의' 운동으로 발전해갔고, 혁명의 시도도 있었고, 성공한 경우도 생겨났다. 혁명은 1917년 러시아에서 제일 먼저 성공을 거두었다.

러시아 혁명은 그것이 마르크스 이론에 부합하는 혁명이었는가, 프롤레타리아 혁명이 아닌 농민 혁명 아니었는가 하는 논란도 빚어냈지만, 세계 여러 나라에 사회주의 사상을 퍼뜨리고 혁명운동을 확산시키는 결과를 빚어냈다. 1920~1930년대에는 미국과 일본, 그리고 일본의 식민지로 전락했던 한국에도 사회주의 사상을 확산시키고, 노동운동을 급진화시켰다.

---

* 식민지란 원래 '서식지'를 말한다. 같은 종류의 식물이나 동물이 몰려서 서식하는 곳을 말하는데, '인간이 사는 곳, 살 만한 곳'이라는 뜻으로 확대되었다. 식민지를 개척한다는 말은 그래서 '불모지를 인간이 살 만한 곳으로 만든다, 바꾼다'는 뜻이 되었다. 인류사에서는 문명인을 자처한 서양인들이 세계 곳곳을 미개지로 간주해 점령하고 이주해서 그들이 살 만한 곳으로, 그들이 사는 스타일로 바꾸는 행위, 그것이 식민지 개척이었다.

그러다가 제2차 세계대전에서 미국과 소련 등의 연합군이 독일과 일본을 패망시킨 후, 미소 간의 '이데올로기' 대립이 생겨나 정치 이념적, 군사적으로 세계가 반으로 갈라지고 말았다. 소련은 '공산주의 국가'의 종주국으로서 나치를 패퇴시키는 과정에서 동유럽 국가들을 '공산화'시켰고, 미국은 '반공주의 국가', 즉 공산주의를 반대하는 나라로 변신하면서 소련에 맞서 공산주의의 확산을 저지했다. 그렇게 해서 독일이 분단되고, 한반도도 분단되었다. 결국 자본주의 시장경제 시스템은 한편으로는 노동운동과 공산주의라 불리는 정치 이념과 혁명운동 그리고 공산주의 국가들을 만들었고, 다른 한편으로는 그것에 반대하는 반공주의 이념과 국가들을 만들어냈다고 할 수 있다. 그것은 세계를 둘로 나누고, 한반도를 둘로 분단하는 커다란 원인이 되었고 자본과 노동 사이의 갈등, 좌파와 우파 사이의 갈등을 빚어낸 원인으로 작용했다.

자본주의 경제는 또 경기순환의 커다란 위기, 즉 경제공황을 발생시키기도 했다. 그 원인은 여러 가지가 있겠지만, 그 결과의 하나로 국가의 적극적인 경제 개입을 불러왔다. 대표적인 사례로, 1920년대 말 미국에서 시작된 세계 경제공황을 맞아, 프랭클린 루스벨트(Franklin Roosevelt)는 뉴딜정책을 폈고 유럽은 대부분 복지국가 형태로 이행했으며 이로써 국가개입주의가 정착되었다. 그러나 1970년대 중반 석유파동 이후에 발생한 세계 경제위기는 그 반대의 결과를 빚어냈다. 이때의 경제위기는 복지비 지출에 따른 재정 적자, 경제 침체와 만성 실업 때문에 발생했다고 지적하면서 국가개입주의의 문제를 비판하며 그 대책을 제안하는 흐름이 생겨났다. '국가 개입이 경제를 망치는 주범이기 때문에 국가는 경제 개입을 없애거나 줄여야 한다. 복지 예산도 삭감하고, 경제는 시장에 맡겨야 한다'는 식의 '신자유주의' 경제 이론과 이를 지지하는 정치 세력이 그것이다.

2) 신자유주의의 이론과 정책

신자유주의란 무엇인가? 왜 자유주의가 아니라 '새로운' 자유주의라 하는 것일까?

신자유주의는 고전적인 자유주의 시장경제 원리로 돌아가야 한다는 관점이고, 자유시장경제에 대한 국가 개입이 사유재산권과 자유경쟁 시장경제 질서를 보장하는 역할로 축소, 국한되어야 한다는 관점이다. 야경국가로 돌아가야 한다는 주장이라 할 수 있다. 국가 개입을 통한 보편적 복지제도의 확충, 재정투자 등을 통한 경제 조절, 노동조건과 노사 관계에의 개입 등은 시장의 자유로운 작동에 의한 효율성을 침해하는 것이기 때문에 최소한으로 축소되어야 한다는 주장이다. 그래서 신자유주의는 공기업의 민영화, 즉 철도, 전기, 에너지, 통신, 교육 등의 분야에 대한 '국가 독점'을 해체해나가는 정책을 취한다. *

---

* Luke Cooper, "Social democracy, neoliberalism and new left parties in Europe"(2009). http://www.fifthinternational.org/content/social-demo

신자유주의는 애덤 스미스의 자유주의 고전경제학과 거의 같다. 1920년대 말 세계 경제공황 이후 미국과 유럽의 선진 공업국가들 사이에는 국가 개입이 일반화되었고, 그 이후 1970년대 말 이를 비판하며 새롭게 등장했기 때문에 앞에 '신' 자가 붙게 되었을 것이다. 그런 의미에서 신자유주의는 '애덤 스미스의 부활'이라고도 할수 있다. 애덤 스미스는 첫째, 경제활동의 자유를 주장하면서 국가가 민간인의 경제활동에 개입하는 것을 반대했다. 시장이 스스로 보이지 않는 손에 의해 수요와 공급을 균형 있게 잘 조절하기 때문에 국가 개입을 반대한 것이다. 국가는 개입을 대폭 줄이고, 단지 국민의 생명과 재산만을 지키는 '야경꾼 역할'만 해야 한다고 주장했다. 그래서 그는 시장만능론, 무정부적 시장경제론, 야경국가론을 편 사람이라고들 얘기한다. 공기업 민영화나 자유무역협정은 기업을 자유경쟁 시스템에 맡기자는 것이고, 국가 간의 무역도 관세장벽을 세우고 보호무역정책을 펴는 국가 개입이 없이 국제무역을 자유롭게 하는 단일한 '국제시장'으로 확대하자는 것이라 할 수 있다.*

신자유주의는 한국에 언제, 어떻게 들어왔을까? 한국에서는 신자유주의 정책이 외압을 통해 들어왔다. 박정희 시대 이래 강력한 국가개입주의와 보호무역주의를 펴온 한국은 1980년대까지 그런 정책을 지속하다가 1980년대 말부터 '시장 개방' 압력을 받기 시작

cracy-neoliberalism-and-new-left- parties-europe
* 애덤 스미스에 대한 심화 학습을 위해서는 김대래 외 공저, 『경제사상사』(신지서원, 2004)를 참조하기 바란다.

했다. 마치 구한말 대원군 시절의 통상 압력처럼, 보호무역정책을 철회하고 관세장벽을 허물어 국가 간 무역을 자유롭게 하자는 자유무역 압력이 밀려들어온 것이다. 시장 개방 압력 등에 밀려 김영삼 정권은 1993년 말 신자유주의 정책을 도입하면서 국제화, 세계화와 국가 경쟁력 강화를 기치로 내세웠다. 그 후 '경쟁력'을 강조하는 담론을 퍼뜨리고, 이것이 국민 사이에 확산되었다. 그러다가 1997년 말 김대중 정부는 외환위기를 극복하기 위해 IMF로부터 금융 지원을 받으면서 IMF가 그 대가로 요구한, 대부분 '신자유주의 정책'이라고 할 수 있는 조건들을 수락하면서 본격적으로 자본시장, 금융시장, 부동산시장 등 시장을 개방했고, 공기업 민영화와 자유무역협정을 추진하기 시작했다.

김대중 정부는 1998~2002년 사이에 포항제철, 한국중공업, 한국종합화학, 국정교과서, 한국기술금융, 대한송유관 등 공기업 6개를 민영화했고, 1999년에는 칠레와 FTA를 협의하기 시작해 2003년 2월에 체결했다.[*] 노무현 정부는 공기업을 민영화하는 대신 경영효율화를 통한 공공 부문의 개혁을 추구했으나 싱가포르, EFTA(유럽자유무역연합) 4개국과 FTA를 체결했고, 인도, 미국, ASEAN(동남아시아국가연합) 10개국, EU(유럽연합) 27개국 등과 협정을 추진했다. 미국을 포함한 이 나라들과의 협정은 모두 이명박 정부 시기에 타결되었다. 이명박 정부는 2009년 3월 '공공기관 선진화 추진 계획'을 마

---

[*] 정갑영·김영세·이혜훈 외, 「민영화 추진에 따른 성과 평가 및 개선방향 도출을 위한 연구」, 기획재정부 연구용역보고서(2002).

련해 민영화를 추진했고, 농지개량(2008), 안산도시개발(2009), 한국
자산신탁(2010) 등을 민간에 매각했다.

심화 학습 자료 노동자로서의 공무원의 사회적 신분과 공익*

1. 공무원의 '사회적' 신분

1) 공무원은 '공복(公僕)'이다

국민의 머슴, 국민의 시녀이지, 왕권의 머슴, 정권의 시녀가 아니다.

2) 공공의 의지와 이익을 집행하는 집행부이다

수렴된 공익과 국민 의지를 집행하는 집행부 간부(상급 공무원)와 집행부
부원(중·하급 공무원)이다.

3) 인권과 시민권을 가진 사람이다

공무원도 사람이다. 인간으로서 갖는 자연적 권리들(집회, 결사, 표현의
자유 등)을 모두 갖는 '사람'이며, 따라서 '정치적인 주권과 시민적 제반
권리의 소지자', 즉 나라의 주인(국민, 국가 시민, 시민)의 일원이기도 하
다(선거권 소지 등).

4) '일하는 사람'이며 직장인이다

직업적인 일과 직장이라는 '특수한 조건' 속에서 살아가며, 직업과 직장에
따른 '특수한' 소명 의식, 직업병, 애환, 만족과 불만, 이익 등을 갖는다.
따라서 친목회, 직장협의회, 협동조합, 노동조합 등을 만들 수 있다.

2. 공무원은 노동자인가

1) 노동자의 6가지 의미

① 육체적으로 일하는 사람(육체노동자, 막노동자 등): 고대사회의 노예도
노동자이다.

② 정신적으로 일하는 사람까지 포함한 '일하는 사람' 일반(정신노동자 포함)

③ 생산하는 사람, 물자나 가치를 생산하는 사람: 생산적 노동자를 말한다. 애덤 스미스와 마르크스 등이 주장했다. 이 의미에서 공무원, 불로소득 생활자는 비생산적인 '기생 계급'이다.

⇒ '일하는 사람들(working men)', '일하는 계급(working class)'은 19세기 유럽에서는 산업가, 자본가도 포함하는 의미였다. 국가 관료 및 신부, 지주 등을 비생산적이라 비판하는 의미가 컸다.

⇒ 자유주의와 마르크스주의로 갈라졌다. 자유주의와 신자유주의에서는 야경국가설에 이어 국가 개입 축소론을 전개했으며, 마르크스주의에서는 자본가·노동자 계급이 생산의 기본 축이라는 자본주의 사회계급론 및 계급 모순에 의한 노동자계급 주체의 계급 혁명론, 계급 철폐론을 전개했다.

④ 프롤레타리아와 현대적 프롤레타리아

- 프롤레타리아란 '가진 것이 없는 자'를 의미하고 생산수단 및 생계수단을 가지지 못한 가난한 자라는 뜻이다. 몸뚱이밖에 가진 것이 없는 자라는 의미도 된다.

- 현대적 프롤레타리아란 마르크스의 말로서 근현대 사회의 '임금'노동자를 말하며, 기본적으로 물자나 서비스를 생산하면서 동시에 '가치'를 생산하는 '사기업 부문', 즉 자본에 예속되어 노동력을 제공하고 임금을 받아 생활하는 사람들을 가리킨다. 생산수단과 생계수단이 없어서 불가피하게 생산수단 소유자인 자본가에게 몸을 팔고 품을 팔아야 하는 운명, 즉 사유재산제 및 사회·경제 체제 때문에 주어지는 운명에 처해 있는 사람들이다. 여기서 '임금'이란 자본 예속적인 '봉급'이며, 공무원의 봉급은 따라서 임금이라 할 수 없다.

⑤ 직접적·간접적인 노동자를 포함하는 '총노동자' 개념: 사기업의 임금노

동자 이외에도 공공 부문 종사자를 노동자로 포함시키는 경우로서 국가를 '총자본'으로, 하급의 기능직 공무원들을 총자본에 고용된 공공 부문 노동자로 파악하는 관점이 있으며, 기능직으로 한정하지 않는 관점도 있다(전자는 마르크스의 주장이고 후자는 장명국, 전교조, 교수노조, 공무원노조의 주장).

⑥ 노동자계급으로서의 노동자: 노동자와 노동자계급은 같지 않으나, 혼용해서 쓰는 경우가 있다. 노동자가 노동자계급과 다른 점은 '계급을 자각하고 조직되고 행동하는가' 여부에 달렸다. 노동조합, 특히 전국적 규모의 노동조합 연맹은 노동자계급 조직이며, 여기에 속한 노동자들이 노동자계급이다.

2) 공무원은 어떤 노동자인가

공무원은 다섯 번째 의미에서 노동자라 할 수 있으나, '총자본가' 역할을 하는 상급 공무원은 노동자가 아니며(그렇지만 자본가나 부르주아는 아니고 중간계급, 쁘띠부르주아, 중산층), 사기업 부문의 노동자와 다른 특수 신분의 노동자, 즉 '총노동자'라 할 수 있다. 그러나 공무원도 내부적으로는 기능직, 일반 행정직, 계약직 등의 차이가 있으며, 국영기업, 국책은행, 정부투자기관, 정부출자기관, 사립 중·고교 직원, 비직업군인, 공익근무요원 등 다양한 요소로 이루어져 있다.

3) 공무원에게는 노동조합을 만들 권리가 있는가

공무원에게는 노동조합을 만들 권리가 당연히 있다. 그러나 전술적으로 그런 조직 형태가 필요하고 유익하고 효과적인지에 대해서는 논란의 소지가 있다. 전교조와 교수노조도 마찬가지였다. 내용과 형식의 불일치, 속마음과 표현의 불일치가 있다. 그 반대의 불일치로는 노동자의 다수가 스스로 노동자라 생각하지 않거나 노동조합에 가입하지 않는 것이 그 대표적인 예이다.

3. 공익, 공공서비스, 그리고 사익

1) 국가: 공공의 의지와 이익의 담지자

현대의 민주 국가란 기본적으로 공공의 의지(예전에는 일반의지라 불렸음)와 이익, 국민과 시민의 공통 의지와 공익을 반영하고 수렴(입법과 정책 입안)해 그 뜻을 '법적 강제력'(국가권력, 공권력, 행정, 사법, 경찰력등)을 통해 집행하는 기관이다. 공무원은 바로 이를 집행하는 집행부원이며, 따라서 공공서비스를 수행하는 공복이요, 공공 부문에서 일하는 사람, 즉 공공 부문의 노동자인 것이다.

2) 국가와 집권층과 국가 관료의 공공서비스 업무

- 국가는 여러 가지 요소로 이루어져 있으며, 관료제적 위계 서열로 조직되어 있다. 중요한 구성 부분으로는 선거를 통해 국가권력을 한시적으로 다음 선거 때까지 장악하는 '집권층'(대통령과 그 사람들, 집권 여당)이 있으며, 그들을 제외한 국가권력(행정부, 사법부 및 관료)이 있고, 야당을 포함하는 의회(입법부)가 있다.

- 공공의 의지, 이익, 서비스는 여기서 누가 담보하는가

쿠데타를 통해 국가권력을 찬탈한 집권층, 독재자, 공익 대변을 내세우며 사익을 도모하는 정치가나 관료 등은 빌 공(空) 자 공익을 추구할 뿐실제로는 국가권력을 수단으로 사익, 또는 특수 집단의 특수 이익을 추구한다. '정권 안보'라는 말이 그런 허상을 잘 말해준다. 물론, 선출직이라고 모두 사익이나 특수 이익을 추구한다고 할 수는 없다. 그러나 집권층과 선출직 고급 공무원이 담보하는 의지와 이익은 '지지율'만큼이다. 투표율 60%에 득표율 60%라 한다면, 합계는 36%이고, 이 지지층의 의지와 이익을 공약한 바대로 집행을 한다손 치더라도 국민 3분의 1의 특수 의지와 이익을 도모하는 셈이다.

- 공무원 신분보장을 하고 그들을 소위 '철밥통'으로 만든 이유의 하나는 압력과 유혹에 흔들리지 말고 '공의와 공익을 담보'할 수 있도록 하는 것

이다. 정권은 유한하지만, 정부와 국가는 지속되며, 공무원도 자리에 남아 정년에 이르기까지 국익 지키기를 계속해야 하는 것이다. 공무원은 정권의 시녀가 아니며, 되어서도 안 된다는 뜻이다. 물론, 빌 공(空) 자 공익을 내세우며 사익을 추구하는 공무원들도 상당수가 있을 것이고, 여기에는 지위 고하가 따로 없다고 해야 할 것이다. 상급 공무원은 부패했고, 하급 공무원은 깨끗하다고 말할 수 있는가. 그래서 '자정 노력'이 필요한 것이다. 철밥통을 이용해 무사안일하게 사무실에서 코털 뽑고, 고스톱 치고, 자기 볼일 보는 그런 일들(근무 태만)도 사실은 국민 세금을 축내는 사익 추구라 해야 할 것이다.

4. 맺음말

공무원은 광의의 노동자에 속한다. 노동조합을 만들 권리가 있으며, 필요성도 있을 것이다. 그러나 공익을 추구하는 의미에서 공무 수행을 제대로 할 수 있기 위해 노조를 해야지, 특수 이익을 도모하는 차원에서 해서는 안 된다. 결국, 공익을 담당하는 공복으로서, 정권을 초월하는 공복으로서 임하는 자세로 나아가야 할 것이다.

• 강원도청 공무원직장협의회 수련대회(2003년 6월14일) 특강.

심화 학습 자료 **자영업체의 폐업률**

전국의 사업체 수는 2013년 현재 368만여 개(종사 인구 1909만여 명)인데, 이 가운데 자영업체(종사자 수 1~4인)는 300여만 개로 전국 사업체 중 81.7%를 차지하며, 자영업 종사자 수는 547만여 명으로 전체 인구의 38%를 차지할 정도로 비중이 매우 높다(통계청, 2013년 기준 전국 사업체 조사 잠정 결과). 그러나 이 많은 자영업체는 대단히 높은 폐업율을 기록하고 있다. 2002년 이후 개인사업자의 휴·폐업 비율은 평균 75.4%로 최종 생존 비율이 4분의 1에도 미치지 못하며, 절반가량은 3년 내에 휴·폐업해 평균 생존 기간이 3.4년에 불과했다. 2002년 이후 373만 5000여 개의 신규 창업이 이루어졌으나, 같은 기간 중 휴·폐업 업체는 346만 5000여 개에 달하는 것으로 집계되었다. 자영업자 중에는 40대의 비중이 가장 컸으나 2011년에는 50대가 가장 많게 되어 그 비중이 30%를 넘었으며, 60대 이상의 비중도 증가하고 있다. 이런 현상은 "한국 근로자들의 퇴직 연령이 평균 53세(기획재정부, 2012)"이고, 베이비붐 세대(1955~1963년생)의 은퇴가 본격화되고 있는데 반해, 기업 부문의 일자리 부족 등 재취업이 어려워 진입 장벽이 낮은 자영업 분야로 진입하기 때문인 것으로 분석되고 있다.•

• KB 금융지주 경영연구소, 「개인사업자 창·폐업 특성 및 현황분석」, ≪KB 경영정보 리포트≫, 2012-12호.

3장

빈부 격차의 대물림 현상: '수저계급론' 넘어서기

요즘 유행하는 말 중 하나는 '금수저나 흙수저를 물고 태어난 사람'이라는 말이다. 많은 사람이 수저라는 말과 수저를 물고 태어난다는 표현이 재미있어서 그런지, 아니면 불평등이 심하다는 것에 공감해서 그런지, 그 말을 그대로 받아서 쓴다. 수저란 '삼시 세끼' 먹고 사는 데 쓰는 도구라서 그런 것인지 공감이 쉽게 간다. 그렇지만 한국에 불평등이 심하다는 내용과 부모에게서 빈부 격차를 대물림받는다는 뜻을 담고 있어 쉽게 다가오기는 하지만 이 말의 뜻을 곰곰이 생각해보면, 사회학적으로는 실제의 사회 현실, 사회적인 불평등과 계급·계층 현상을 충분히 담아내지 못하는 말이라는 생각도 든다. 우선, 수저는 먹고 사는 도구이지, 그 수저로 무엇을 먹는지, 얼마나 잘 먹고 잘 사는지를 말해주지는 않는다. 금수저·흙수저로 사회 불평등을 지적하고 표현해주기는 하지만 대물림받은 것만 표현하고 있어 사람들이 실제로 어떻게 불평등하게 사는지, 물려받은 불평등한 지위는 얼마나, 어떻게 바꿀 수가 있는 것인지는 말해주지 않고 알 수도 없다.

중세 사회는 동서양을 막론하고 신분제 사회였다. 한번 귀족이나 평민이나 머슴 집안에서 태어나면 그 사람은 부모의 신분을 이어받아 평생을 그 신분으로 살아가야 했다. 아무리 능력이 뛰어나고 열심히 노력하는 머슴(흙수저)이라 하더라도 머슴으로 살아야만 했고, 귀족층과는 다른 권리와 의무를 가지고 살아야만 했다. 그런 신분제도는 현대사회로 넘어와서는 폐지되었다. 그래서 출신 성분이 어떻든, 어떤 수저를 물고 태어나든, 누구나 열심히 노력하면 돈을 벌 수 있고 출세도 할 수 있는 사회로 넘어왔다고들 한다. 신분 사이에 가로놓여 있던 장벽이 없어지고 지위의 변경과 이동이 가능해져서 '개방사회', '열린 사회'라고도 불린다. 그러나 현실이 과연 그러한가 하는 점은 따져보아야 한다. 금수저, 흙수저, 은수저 등을 말하는 '수저계급론'은 현실이 그렇지 않다는 것을 간접적으로 암시하면서 비아냥거리는 표현이라고 할 수 있다. 그렇지만 그것이 구체적이거나 정확하다고는 말할 수 없다. 그런 점을 보여주는 또 한 가지의 예는 금수저, 흙수저를 흔히 '계급'이라고 부르는 것이다. '그거 계급 맞아? 계급인 것 같기는 한데, 아닌 것도 같고, '신분'인 것도 같고……'

그래서 우리는 흔히 말하는 '수저계급론'을 뜯어보고, 그것을 넘어서볼 필요가 있을 것이다. 여기서 쟁점과 논란거리는 첫째, '현대사회가 개방사회인가, 아닌가' 하는 점이고, 둘째는 '신분과 계급과 계층이 서로 같은가, 다른가, 다르다면 그 차이는 무엇인가' 하는

점이다. 셋째는 그래서 '금수저·흙수저론'은 불평등을 말하는 불평
등론인가, 계급을 말하는 계급론인가, 아니면 계층을 말하는 계층론
인가' 하는 점이다. 넷째는 '그런 불평등·계급·계층 현상은 과연 불
가피한가, 극복 가능한가, 필요한가' 하는 점이다. '그 이유는 무엇
인가' 하는 점도 쟁점이고, 논란거리이다. •

1. '수저계급론' '먹고 뜯고 맛보고' 넘어서기

1) '수저계급론' 유감

도대체 사람들이 금수저, 흙수저를 말하는 이유가 무엇일까?

• "《한겨레21》이 두잇서베이와 함께 2012년 12월 28~31일 20세 이상 2790
명을 대상으로 온라인 여론조사를 한 결과, 3명 중 2명(61.4%)이 '한국 사회
에서 세습이 강화되고 있다'고 답했다. 《한겨레》와 한겨레사회정책연구소
가 한국사회여론연구소에 의뢰해 2012년 12월 22~23일 전국 성인 남녀
1000명을 대상으로 한 여론조사에서도 3명 중 2명(61.6%)이 한국 사회를 '부
모의 지위에 따라 자녀의 계층 상승 기회가 닫혀 있는 폐쇄적 사회에 가깝다'
고 진단했다. 특히 20대와 30대에서는 그 비율이 75% 안팎으로 올라갔다. 자
녀가 성공하는 데 '부모의 경제적 지위'와 '개인의 노력' 중 어느 것이 더 영향
을 끼치는지 물어보니, 부모의 경제적 지위라는 답변(54.9%)이 개인의 노력
(44%)보다 우세했다. 역시 40대 이하 젊은 층에서는 60% 이상이 부모의 경
제력을 꼽았고, 25~29살에서는 그 비율이 71.9%나 되었다."("대한민국은
왜 세습에 분노하지 않는가", 《한겨레21》, 2013년 1월 10일 자. http://
h21.hani.co.kr/arti/cover/cover_gene ral/33728.html)

불평등과 계급, 계층에 대해 '뭘 좀 아는 사람들'이 얘기하는 것인가? 아니면 그냥 하소연과 투정에 불과한 것인가? 여러 가지 수저를 물고 태어나는 사람들 사이의 차이가 무엇인지, 왜 그런 일이 생기는지, 그 대책은 무엇인지에 대해 생각을 해보아야만 하지 않을까?

그러면 왜 하필이면 수저인가? 먹고사는 문제는 그동안 '밥그릇'에 흔히 비유되어왔다. 그래서 공무원을 비롯해 생계와 직장이 안정된 경우를 '철밥통'이라 부르기도 했다. 그런데 그건 소위 '직업 안정성'이 탄탄해 여기저기 내던져도 깨지지 않는 밥그릇이란 소리이다. '수저불평등론' 혹은 '수저계급론'에서 주목하는 '수저론'은 이런 철밥통론과 달리 생계 문제가 아닌 것 같다. 그럼 무엇일까? 부모를 잘 만나서 금수저를 물고 태어난 사람과 그렇지 못한 사람 사이의 불평등을 불평 또는 성토하는 얘기일 것이다. 그렇다면 모두의 수저를 금수저로 교환해주어야 할까? 누가, 어떻게 그것을 할 것인가? 모든 남녀가 재벌 2세, 3세, 4세가 될 수 있게 부모를 바꿔 달라는 얘기일까?

현대사회는 '공식적으로' 신분제 사회도 신분 세습 사회도 아니다. 그럼에도 불구하고 이런저런 제도와 방식으로 신분 세습이 이루어지고 있다. 핵무기를 개발하는 북한의 김정은 일가에서뿐만 아니라 남한에서도 한국 경제를 주름잡으며 사내유보금을 엄청 쌓아놓고, 가내 상속 지분 투쟁을 하고 있는 재벌가들의 일명 '형제의 난', '밥그릇 싸움'을 보시라! 그렇다고 중산층은 은수저나 동수저를 물고 태어나 평화롭게 잘 살고 있는가? 학벌을 높이기 위해 부모 세대가 교육에 투자하고 이사를 가기도 한다. 서울 강남 8학군의 땅

값, 아파트값은 왜 그렇게 비싼가? 거기에는 다 이유가 있어 보인다. 빈곤층은 어떤가? 부모에게서 흙수저와 '빈곤'을 대물림받아 빈곤하게 살 수밖에 없는가? 우리는 일명 '수저계급'이라고 하는 사회현상이 무엇을 말하는지, 왜 그런 일이 발생하고, 원인은 무엇인지를 뜯어보고, 그 해법을 생각하고 찾아봐야 하는 것 아닐까? 지금까지 '수저계급론'에서 얘기되어온 것들을 한번 넘어서보기로 하자.

2) 불평등과 계급, 계층은 서로 같은가

(1) 불평등의 뜻

불평등은 본래 '같지 않다'는 말이다. 그렇다면 그것이 차이와 다른 점은 무엇인가? 그리고 차별과 다른 점은 또 무엇인가? 남녀 간의 성 불평등은 '남녀가 같지 않다', '남성과 여성이 다르다, 차이가 있다'는 뜻인가? 그리고 성차별이라는 말과는 뜻이 같을까? 그렇지 않다.

불평등은 단순한 차이가 아니라 '소유'나 '기회'에서의 수직적인 차이, 그것이 있거나 없음, 많거나 적음의 차이를 말하는 것이다. 차별은 차이와 다르고 불평등에 포함된다. 차별은 '차별 대우', 즉 인간관계의 하나로, 어떤 사람이나 집단을 다른 어떤 사람이나 집단이 동등하고 평등하게 대우하지 않는다는 것을 말한다. '기회 불평등', 즉 기회에 있어서의 불평등이란 사회 안에서 무슨 일이나 활동을 할 수 있는 기회(예를 들면 교육, 돈벌이, 정치 참여, 결혼, 여행 등을 할 수 있는 기회)와 권리, 자격 등을 주지 않고 인정하지 않는 것을 말한다.

(2) 계급과 계층, 신분은 불평등과 같은가

계급과 계층, 신분은 불평등한 면이 있기는 하지만, 불평등과 같지는 않다. 그것들은 불평등을 기준으로 인간을 몇 개의 그룹으로 나눈 것이고, 흔히 사회 불평등 제도라고 불린다. 그렇지만 그 세 가지는 각각 차이가 있다.

신분은 변경이 어렵고 소유나 기회의 면에서 공식적으로 세습되는 지위이지만, 계급은 상승·하강 이동이 가능하고 열린 지위이다. 그래서 어떤 학자들은 현대사회를 신분사회에 빗대어 계급사회라고 부르기도 한다. 이럴 때의 계급사회란 그래서 개방사회, 즉 열린 사회의 뜻과 같다. 그러나 과연 현대사회가 실제로 열린 사회인지에 대해서는 다시 따져봐야 할 일이다. 계층은 인간 사이에 불평등이 분포되어 있는 상태라고 할 수 있다. 특히 소유의 분포 상태, 소유 면에서의 불평등 분포 상태를 말한다. 이것이 계급과 다른 점은 계급이 주로 경제적 불평등과 이해관계를 중심으로 각축을 벌이고 갈등하기도 하고 타협하기도 하는 '집단적으로 생각하고 행동할 수 있는 집단'을 뜻한다는 점이다. 노사 관계와 갈등이 대표적인 계급 사이의 관계이다.

그렇다면, 금수저와 흙수저 사이의 관계는 무엇이고 어떻게 봐야 할까? 차이? 불평등? 차별? 계급? 계층? 신분? 우리는 수저계급이라는 말에 대해서도 딴지를 걸어봐야 한다.

(3) 수저는 계급인가, 계층인가, 신분인가

수저가 계급인지, 계층인지, 신분인지 학생과의 질의응답을 통해 알아보기로 하자. "사회 불평등과 계급, 계층" 수업 시간에 한 학생이 '스마트 사이버 강의실'에 좋은 의견을 내놓고 질문을 했다.

제가 알게 된 내용이 사실이라면 수저와 관련된 담론은 계층보다는 계급과 어울린다고 생각합니다. 정해져 있는 전체 부를 금수저들이 대부분 취한다면 흙수저들은 반대로 착취를 당하게 되는 체계라 보기 때문입니다. 그러나 계급이라는 것이 꼭 맞는 것도 아니라 생각되는 것은 교수님께서 말씀하신 대로 계급은 상승·하강 이동이 가능하고 열린 지위라는 개념이기 때문입니다. 한국 사회가 구조적으로 이동이 '열려 있는' 사회인가 의문이 듭니다. 결과적으로 수저라는 것은, 변경이 어렵고 세습되는 지위인 신분과 어울린다고 생각합니다. 흔히들 '수저를 물고 태어난다'고 표현하는 것이 그 반증이지 않을까 합니다. 그런데 저는 이쯤에서 이 사회가 '신분'이라는 말을 의도적으로 피하는 것은 아닌가하는 의문이 생깁니다. 현재 우리 사회에서 '신분'이라는 개념을 쉽게 적용하는 경우는 매우 드뭅니다. 또한 과거의 신분제 사회를 가리키면서도 현재의 구조적으로 개방된 사회와는 대비되는 체계인 것처럼 교육받았던 기억이 있습니다. 의도된 것인지는 잘 모르겠지만 이 또한 이데올로기의 산물인 것일까요? 단순한 우연인지 잠재된 맥락이 있는 것인지 궁금합니다.

계급과 계층 간의 차이에 대해서는 추후 다시 다루겠지만, 계급은 '집단적 갈등'이 가능한 반면, 계층은 그렇지 않다. 둘 다 '불평등

체계'라는 점에서는 같다. 그렇다면, 금수저·흙수저는 '수저계급'인가 '수저계층'인가? 수저론에서는 계급이라고 보는 경향이 강한 것 같지만, 그것보다 빈부 격차의 대물림 현상에 더 주목을 하는 것 같다. 부모에게서 부나 가난을 물려받고 이어받은 사람들을 가리킨다는 면에서 보면, 수저계층으로 보는 셈이라고 할 수 있다. 부자, 부자 계층, 부유층과 빈자, 빈곤 계층, 빈곤층, 그러다 보면 중간쯤 되는 사람도 많이 있으니 부자와 빈자 사이의 중간층, 중간 계층, 중산층 등 계층으로 파악하는 셈이다. 왜 그럴까? 계급은 좀 더 특별한 의미로, 집단이나 갈등과 연관해 써온 말이기 때문이다.

수저를 신분이라고 하는 경우, 어떤 의미에서 신분인지도 명확히 할 필요가 있다. 신분에는 세 가지 정도의 뜻이 있기 때문이다. 첫 번째는 원래의 중세적 의미이고, 두 번째는 '폐쇄적인 사회문화적 상류사회 또는 집단'이라는 고전사회학자 베버적인 의미이다. 세 번째는 오늘날 사회학과 일반 세상에서 많이 쓰는 '사회문화적 공간 안에서의 위치', 즉 '사회적 지위(social status)'라는 의미이다. 그러나 이 세 가지 의미의 신분 개념은 모두 '서 있다'는 뜻에서 출발해 특화되었다. 영어의 'status'나 'stand'가 바로 그것이다. 서 있는 전등도 스탠드이고, 사회적인 위치도 중세 때부터 지금까지 그렇게 불린다. 세계사 책에 프랑스 혁명은 '제3신분'(평민층)이 주도해 일으켰다고 하지 않는가? 정신적으로, 정치적 또는 정치 이념적으로 서 있는 곳은 '입장'(立場; 신랑신부 입장이 아니라 '나의 입장', '너의 입장', '우리 단체의 입장', '우리 당의 입장' 할 때의 입장)으로서 처지, 생각, 의견 등을 뜻한다.

어쨌든, '수저계급론'에 대해 잠정적으로 결론을 내려본다면,

첫째, 빈부 격차의 대물림 현상을 말하는 것, 둘째, 계층적인 소유 불평등을 말하는 것이라고 할 수 있을 것이다. 기회의 불평등이 아닌 이유는 사람들이 극장에 들어가려 한다거나 취직 시험을 보러 간다면, 금수저만 들여보내 주고, 흙수저는 기회를 안 주고, 그렇게 하지는 않기 때문이다. 이것은 인종차별, 성차별 등 차별의 문제이다.

2. 소유와 기회의 불평등과 '돈, 권력, 명예'

불평등이란 많은 사람이 소망스럽게 생각하는 가치(돈, 권력, 명예 등)가 사회 구성원 사이에 분포되어 있는 상태, 그것도 수직적으로 차이 있게 (있고 없음, 많고 적음 등으로) 나뉘어 있는 상태라고 할 수 있다. 그렇다면, 차이와 불평등과 차별은 어떻게 구분할까? 차이는 둘 이상을 비교했을 때 다른 것, 불평등은 수직적인 차이가 있는 것, 차별은 대우 또는 대접으로서 어떤 사람이나 집단에게 불평등한 기회를 주는 것이라고 할 수 있다. 그래서 불평등은 흔히 '소유 불평등'과 '기회 불평등'으로 나눈다. 물론 정치, 경제, 성, 교육 등 불평등의 영역 혹은 분야로도 나눌 수 있다.

소유 불평등이란 재산, 권력, 지식 등 유용한 자원의 소유 면에서의 불평등을 가리키고, 기회 불평등이란 어떤 일이나 행동(돈벌이, 직업 활동, 정치 참여, 교육받기, 지식 습득 등)을 할 수 있는 기회와 권리 및 자격 획득의 기회가 불평등하게, 차별적으로 주어지는 것을 말한다. 그러나 이 두 가지 불평등은 전혀 별개의 것이라기보다는 호환되고 상호작용을 하는 측면이 있다. 현대사회 초기에는 재산을 많이 가진 부자만 투표할 수 있는 권리와 기회, 즉 투표할 수 있는 권리와 피선될 수 있는 기회를 차별적으로 준 시기가 있었는데, 이럴 경우, 그 권리와 기회를 가진 이들만 정치권력을 소유할 수 있게 된다. 20세기 초까지 유럽에서도 여성은 선거권이 없었다. 조선시대에는 양반층 남자만 교육받을 수 있었고, 부모를 잘 만나는 경우, 양반 신분이라는 금수저를 3대까지 물려받았다. 그리고 국가고시를 통과한 '남자 양반'에게는 관직을 주고, 월급 대신 땅을 주기도 했다. '외모 지상주의'가 심한 요즈음 한국에서는 좋은 외모를 타고났거나 성형 수술 등을 통해 만들어 가진 사람에게는 일할 기회를 우선적으로 주는 경향이 있으며, 일할 기회, 돈 벌 기회를 얻은 사람은 미취업자나 실직자에 비해 가진 것이 많게 될 가능성이 더 높아진다. 교육받을 기회와 학위·학벌 취득의 기회도 이와 마찬가지일 것이다.

불평등에는 여러 영역이 있다. 흔히 돈, 권력, 명예라고 얘기되는 경제적, 정치적, 사회문화적 소유와 기회의 불평등이 그것이다. 경제 면에서는 주로 재산 소유상의 불평등이나 소득 불평등이 있고 직업 활동에서의 기회 불평등도 있다. 정치 면에서는 주로 권력의 소유 정도를 따지지만 정치 참여와 활동의 자격과 권리가 얼마나 부여되는가 하는 소유와 기회의 불평등도 있다. 사회문화 면에서는 주로 가문, 명예, 학식, 학벌 등의 소유 외에도 교육이나 결혼의 자격과 권리 같은 기회 불평등도 중요하다. 그러나 앞서 말한 대로 소유와 기회의 불평등은 중첩된 측면도 있고, 상호작용을 하는 측면도 있다. 경제적·정치적 불평등 외에도 교육 불평등이나 성 불평등, 지역 불평등, 인종 불평등 등의 예를 보면 그렇다고 할 수 있다.

그런데 이 여러 가지 불평등 사이의 관계에 대해서는 유물론과 다원론에서 다른 입장을 취해왔다. 마르크스 같은 학자는 경제적 소유 불평등이 여타 불평등을 빚어내는 기초적인 불평등으로서 가장 중요한 불평등이라고 보았다. 돈으로는 못 할 것이 없다는 말처럼, 권력을 사고, 지식과 학벌도 살 수 있다고 하지를 않는가? 그 반면, 베버 같은 학자는 경제, 정치권력, 명예·학식 면에서의 불평등은 서로 별개이고 호환이 잘 안 된다고 보았다.

3. 계급론적 관점과 계층론적 관점의 차이

불평등 현상을 바라보는 관점은 매우 다양하다. 크게 보면, 계급론적 관점과 계층론적 관점으로 나눌 수 있고, 계급론적 관점도 대체적으로 경제 중심적 관점과 다원적 관점으로 나뉜다.

계급론적 관점은 애덤 스미스 등 초창기 경제학자들에게서 생겨나서 마르크스가 전체 사회와 역사를 이해하고 설명하는 이론으로 정립했고 그 후에는 그의 관점과 이론에 대한 찬반 논의를 중심으로 계승·발전·변화했다. 마르크스의 계급론을 적극 수용한 사람들은 계급론을 노동운동, 사회주의운동, 공산주의운동의 '교과서'로 받아들였고, 베버나 네오 마르크스주의, 사회민주주의 쪽에서는 비판적으로 일부만 수용하면서 수정을 가했다. 계급론의 대부분을 비판, 부정하는 사람들은 베버의 입장을 한층 더 수정해 계층론적 관

유팔무·김원동·박경숙, 『중산층의
몰락과 계급양극화』(소화, 2005).

점을 취하며 불평등 현상을 실증적인 탐구 방법으로 연구하는 쪽으로 나아갔다. 물론 '부익부 빈익빈' 같은 명제와 계급 양극화 경향 혹은 법칙성에 대해서는 찬반이 갈려 심한 논쟁이 이루어져왔다.

1) 계급이란 무엇인가

계급이란 어떤 물건이나 동식물, 사람들을 몇 개의 등급으로 '분류(classify)'한 결과로 생겨난 집합을 가리킨다. 그래서 영어로 클래스(class)이다. 사과 1등품·2등품·3등품, 기차나 비행기의 1등칸·2등칸·3등칸, 경찰이나 군인의 직위, 5학년 3반·6학년 2반 등의 학급도 다 계급이다. '우리 어디 계급장 떼고 한판 붙어볼까?' 할 때도 계급이라는 말이 들어간다. 그러나 '사람들'을 몇 등급의 집합으로 나눈 것은 '사회계급(social class)'이라고 부른다. 인간 사회의 구성원을 위아래 몇 개의 등급으로 나눈 것이기 때문이다.

계급이라는 말은 본래 서양에서 19세기에 주로 '일하는 사람들'이란 뜻으로 생겨나 사용되기 시작했다. 어떤 경제활동을 하는 사람인가 하는 것이 그 분류의 핵심 기준이었다. 그래서 계급은 '일하는 사람들(workmen, working men)', '생산 활동을 하는 계급(productive class)', '산업 계급(industrial class)' 등과 일하지 않는 사람들, 비생산적 계급 등 그렇지 않은 사람들을 나누었다. 이 후자의 사람들은 사실상 '일하지 않는', '비생산인구'에 속하는 봉건귀족 신분층을 가리키는 비판적 의미를 지녔다. 그래서 계급이라는 용어는 점차 '신분' 개념을 대체해갔다. 그리고 신분제도가 철폐된 후에는 봉건적 의미의 '신분'이라는 말은 사라지고, 그 말을 사용하는 경우, 새로운 의미를 붙여 사용했다. 애덤 스미스는 계급을 경제적인 소유 및 생산에서의 중요한 기능과 역할에 따라 지주계급, 자본가계급, 노동자계급으로 나누었다. 마르크스는 이런 분류법에 따라 마찬가지로 계급을 셋으로 나누었으나, 자본주의가 발달하면서 자본가계급과 노동자계급, 두 가지로 단순화 혹은 양극화된다고 했다. 그리고 애덤 스미스는 계급들 사이의 관계를 분업적이고 협업적인 관계로 본 반면, 마르크스는 계급에 따라 이해와 관심도 분할되고 상충하기 때문에 협력적 관계보다는 지배·피지배, 착취·피착취 관계, 그래서 갈등을 일으키는 관계, 즉 갈등 관계가 더 크다고 했다.

2) 마르크스의 계급 이론과 찬반 논란의 쟁점

마르크스의 계급 이론을 요약하면 '노동자계급 혁명론'이라고 할 수 있다. 그는 유물론자로서 혁명의 필연성과 그것이 가능한 조건을 경제학에서 찾았다. 그는 현대사회의 경제생활이 자본 주도로 이루어지고 그러한 자본주의 시장경제 체제가 여러 가지 모순을 안고 있으며, 자본가계급과 노동자계급 사이의 협력적이면서 동시에 지배·갈등의 관계, 즉 모순적 계급 관계가 노동자들의 결집과 저항을 불러와 결국은 자본주의 시장경제 체제를 근본적으로 바꾸려는 혁명운동과 혁명을 초래한다는 결론에 도달했다. 또 하나의 커다란 모순은 기계가 노동자를 대체해나가는 경향 때문에 자본가는 이윤 추구에 성공해 더 큰 부자가 되는 반면, 노동자는 일자리를 상실해 점점 더 가난해져 가는 추세와 자본가가 일을 시키며 착취해야 할 노동자가 줄어가는 추세이다. 이러한 모순과 혁명운동은 노동자들에게 자본주의 체제와 반대되는 사회주의, 공산주의 경제체제를 꿈꾸게 해 혁명이 성공하는 경우, 자본주의는 사회주의와 공산주의로 한 단계 더 '진보'해간다고 보았다. 그래서 자본주의가 발달하면 할수록 모순이 더 첨예화되고 혁명의 가능성도 더 커져가 "혁명은 필연적으로 발생한다"라고 했다.

이와 같은 마르크스의 계급 이론, 즉 계급혁명 이론은 수많은 찬반 논란을 불러일으키며 후대에 커다란 영향을 끼쳤다. 커다란 쟁점은 다음과 같이 요약할 수 있다.

첫째, 사회질서와 인간들 사이의 관계가 지배·피지배 관계, 착취·피착취 관계를 중심으로 짜여 있다고 볼 수 있는가? 자본과 노동의 관계를 또 그렇게 보는 것이 합당한가? 사회생활과 역사 발전을 경제와 계급 중심으로 보는 것이 과연 타당한가?

둘째, 마르크스는 자본주의가 고도로 발달하면 무너진다고 했는데, 실제 역사에서는 그렇지 않았다. 그 이유는 무엇인가? 마르크스 이론이 틀려서일까? 그것이 아니면, 무엇 때문일까?

셋째, 마르크스는 '즉자적 계급(Klasse an sich, 집단적 조직과 의식이 없는 상태의 노동자 집단)'에서 '대자적 계급(Klasse fuer sich, 자기 자신을 위한 계급)'으로, 그러니까 노동자계급이 기업에서 근무하면서 불만과 갈등을 겪고 동류의식과 계급연대의식이 생겨나 집단적으로 생각하고 행동하는 대자적 계급으로 '형성'된다고 했는데, 과연 그러한가? 그리고 이러한 '계급 형성'은 노동자들 스스로가 깨우쳐서 그렇게 되는가? 아니면 러시아 혁명의 지도자 블라디미르 레닌(Vladimir Lenin)이 말했듯 혁명 의식으로 무장한 지식인들이 개입해 노동자들을 지도해야 그들이 계급으로 형성되는가?

넷째, 마르크스는 19세기 당시의 영국이나 미국과 같이 민주주의가 발달한 나라들에서는 선거를 통한 평화 혁명이 오히려 더 쉽다고 말했는데, 과연 그러한가? 노동자들에게 보통선거권이 주어진다면, 자본주의에서는 인구의 절대다수가 노동자이기 때문에, 선거 혁명이 가능하고 오히려 더 쉽다고도 말했는데, 과연 그런가? 마르크스와 레닌 등의 마르크스주의자들은 사회민주주의를 비판했는데, 독일, 스웨덴 등 20세기의 유럽에서는 노동자계급이 자본가계급과 타협해 민주적인 선거제도를 통해 집권도 하고, 사회민주주의 체제를 구축했지만, 사회주의나 공산주의 혁명이 일어나지는 않았다. 그 이유는 무엇일까? 도대체 마르크스의 생각은 맞는 것일까?

3) 베버의 계급 이론과 후대에 끼친 영향

베버는 마르크스주의의 경제 중심적, 결정론적 경향, 즉 경제적 계급 관계가 정치, 이데올로기에 결정적 영향을 끼친다고 보는 경향을 비판하면서 다원주의적 관점에서 불평등의 세 가지 영역이 각각 따로 존재하면서 형성, 작용한다고 보았다. 불평등 현상이 경제 영역에서는 계급들 사이의 지배·갈등으로, 정치 영역에서는 정당 사이의 지배·갈등으로, 사회문화적 영역에서는 신분(집단)들 사이의 지배·갈등으로 나타난다고 했다.

그는 '계급'이 경제 차원에서 발생한다고 보았지만, 마르크스보다 더 다양한 요소로 계급을 파악했고, 애덤 스미스나 마르크스와 달리 생산 시스템 내에서의 역할뿐 아니라 시장에서의 위치에도 주목했다. '소유'와 '소유의 결여'가 '계급적 위치'를 결정하는 기본 요인임을 인정하면서도, '소유'의 종류에 따라 계급이 다시 나뉜다고 보았다. 무산자 중에서도 '노동력 시장'에 내놓은 능력이 단순노동력이냐 전문성, 기술성, 숙련성이 있는 노동력이냐에 따라 계급이 분류된다고 했다. 그러나 계급이 계급답게 조직과 의식을 갖추는 '형성'은 마르크스처럼 자연발생적으로, 필연적으로 이루어지는 것이 아니라 다양하고 복합적인 요인의 작용에 의해 이루어질 수도, 이루어지지 않을 수도 있다고 했다.

이렇게 다원적이고 비결정론적인 베버의 계급론은 마르크스주의적 시각에 결정타를 먹였고 후대에 끼친 영향도 매우 컸다. 그 영향 때문에 생겨난 새로운 흐름 하나는 계급을 파악할 때 권력이나 교육적·문화적 요인을 함께 고려하는 경향, 즉 네오 마르크스주의나 베버주의 계급론이라 할 수 있는 경향이다.* 다른 하나는 이를

---

*   이러한 경향에는 지식인층을 '신프티부르주아'로 파악한 니코스 풀란차스(Nicos Poulanzas), '화이트칼라', '신중간계급'론을 편 찰스 라이트 밀스(Charles Wright Mills), 노동자계급을 노동자계급과 중간계급으로 다시 나

구체적인 불평등 현상과 그 결과에 대한 실증적, 통계분석적인 연구에 응용하는 사회계층이론이다.

4) 계층론적 관점

마르크스주의를 거부하면서 베버의 다원주의적 불평등론의 영향을 받은 계층론적 관점에서는 베버와 달리 계급이라는 개념 대신, 계층이라는 용어를 사용하면서 대개는 실증적인 탐구 방법으로 불평등 현상을 탐구한다. 계급이라는 용어와 개념에는 지배·갈등의 관계가 함축되어 있기 때문에 객관적이고 중립적인 탐구를 위해서는 그런 오염된 용어를 사용하는 것이 좋지 않기 때문이다.

여기서는 사회계층을 '사회적으로 소망되는 돈, 권력, 명예 등 희소 자원의 소유 정도에 따라 여러 개의 연속적인 등급으로 구분된 사람들'로 파악한다. 소득계층, 학력계층, 직업계층 등이 그 대표적인 예이다. 그러나 계층은 어떤 기준을 가지고 나눈 사람들이기는 하지만, 그 사람의 일면만 포착되어 계층으로 분류되기 때문에, 실제로 존재하는 사람이라고 할 수 없고, 따라서 그 사람들의 집합을 집단이라고 볼 수도 없다. 재산은 적은데 소득은 많은 사람, 돈은 많은데 권력은 없는 사람, 학벌은 높은데 재산과 수입이 적은 사람 등

눈 에릭 올린 라이트(Erik Olin Wright), 계급을 경제자본 소유 상중하 계급과 문화자본 소유 상중하 계급으로 나눈 피에르 부르디외(Pierre Bourdieu) 등의 학자가 있다.

등의 경우, 어떤 기준으로 분류하느냐에 따라 계층적인 지위, 소속되는 계층이 달라지고, 그렇게 분류된 계층에 속한 사람들은, 사람인데 실제로는 온전한 사람이 아닌 어떤 일면만으로 포착된 사람이 되어 버리고 만다.

더욱이 계층을 분류하고 만들어낼 때 조사, 연구를 하는 학자나 통계청 공무원들이 그 구간을 필요에 따라 임의적으로 정해 나누기 때문에, 구간을 어떻게 나누는가에 따라 어떤 사람의 계층적 지위가 가변적으로 달라지는 결과가 빚어진다. 소득계층은 흔히 100만 원 단위로 나누는데, 왜 88만 원이 아니고, 130만 원도 아니냐는 의문이 든다. 200만 원 단위로 해서 월 소득 1000만 원 이상을 상류계층이라고 한다면 월수입이 수십 억 되는 사람들은 같은 계층이라 할 수 있는가, 199만 원 버는 사람과 201만 원 버는 사람은 정말 등급이 다른가 하는 점 등도 의문이다. 다음으로, 통계청 같은 곳에서는 계층론적 관점의 학자들의 자문을 통해 국민의 소득계층을 소득 수준에 따라 1~5분위로 나누고, 2, 3, 4분위의 소득계층을 중간소득계층, 또는 '중산층'이라 불러왔다. 3분위가 중간이지 왜 2, 3, 4 분위를 중간층이라고 부르는지 알다가도 모르겠다. 또, 정부가 복지정책의 수혜 대상자를 '차상위계층'까지 확대한다고 할 때 차상위계층은 최하층 바로 위에 있는 '하의 상'층을 말하는 것인데, 여기서도 소득 5분위 중 하나가 그렇게 불리고 있다. 이런 의미에서 계층은 집단도 아니고, 집단화될 가능성도 매우 희박한 통계상의 가공적 범주라고 하겠다. 그리고 그 점에서 계급이라는 것과는 판이하게, 집단행동을 하거나 집단적으로 정당을 만들거나 지지하는 행동을 할 가능성이 희박하다. 100만 원 미만의 소득계층이 500만 원이나 1000만 원 이상의 소득계층과 갈등 관계에 들어갈 가능성은 매우 낮을 수밖에 없다.

그러나 계층론적 관점은 불평등 현상을 실증적, 통계적으로 탐구하는 경향이 있어서 불평등 현상과 투표 행위 같은 정치 현상의 관계를 인과적으로 설명해내는 등의 강점을 가지고 있다.

4. 신분적·계급적·계층적 세습과 사회이동의 기회

그렇다면 우리는 금수저·흙수저론을 어떻게 보아야 할까? 우선 '수저를 물고 태어난' 사람들은 중세 신분적 의미에서 귀족과 평민, 천민의 신분을 가진 사람들이 아니다. 그렇다고 현대사회의 계급이라고 하기도 뭣하다. 금수저와 흙수저 사이의 관계는 계급적이 아니라 계층적이기 때문이다. 그다음으로, 금수저·흙수저 '대물림' 현상은 세습이라고 할 수는 있지만, 신분 세습이 이루어지던 옛날과는 달리, 비록 '장자상속제도'가 약화되었다고 하더라도, 현대까지 살아남아 있는 상속제도를 통해 계급적·계층적 지위가 대물림되는 것이다. 물론 교육을 통해 지위를 대물림하는 경로도 있어 많은 국민이 비싼 돈 들여 사교육과 대학 진학을 시키고, 하고 있다. 그러나 어떤 사람의 사회적 지위는 부모 세대에게 커다란 영향을 받지만, 부모와 자녀 세대의 사회적 지위가 항상 같지는 않고, 달라질 수 있다. 그리고 똑같은 사람이라고 하더라도 열심히 노력해서 성공하거나 우연히 '로또 1등'에 당첨이 된다든지 해서 떼돈을 버는 경우, 사회적 지위가 올라가고 변경된다. 사회학에서는 이와 같은 사회적 지위의 변경을 그것이 신분이든 계급이든 계층이든 상관없이 사회적 이동, 줄여서 '사회이동'이라고 불러왔다.

사회이동은 수평적으로 이루어질 수도 있고, 수직적으로 상승·하강하는 이동도 있다. 그리고 '금수저 물고 태어나기'와 비슷하게 세대 간에도 지위의 이동이 일어난다. 이것은 '세대 간의 사회이동'이라고 부른다. 생애 기간 동안 사회적 지위가 변화하는 것은 주로 수직적인 이동이 주목을 받고 있으며 '세대 내 이동'이라고 부른다. 어떤 연구에 따르면, 개인의 지위가 가장 정점에 다다르는 것은 50대 초·중반이라고 한다. 현대사회에서는 자유로운 사회이동이 '법적, 제도적'으로 보장되고 열려 있기 때문에 개방사회라고 하며, 과거에 비해 사회이동의 기회도 많아지고, 실제로 상승 이동, 흔히 출세라고 부르는 수직적 상승 이동의 가능성도 큰 편이다. 그러나 사회이동의 이런 확대된 기회와 가능성에도 불구하고, 사회적 지위의 대물림 현상과 교차되는 것이 현실이기 때문에, 실제로 그것이 얼마나 가능한지, 얼마나 이루어지는지는 따져봐야 한다. 경우에 따라서는, 아니 요즘 같은 '헬조선' 한국 사회에서는 상승은커녕 하강 이동도 많이 벌어지지 않는가? 물론 이러한 상승·하강 이동은 불평등을 신분이나 계급처럼 대규모 범주로 분류하는가, 계층론에서처럼 다단계로 소분류하는가에 따라 계급과 계층의 수가 달라지고 그 간격이 다르다. 그렇기 때문에 이동의 정도를 조사하거나, 과거와 현재를 비교하거나, 부모 세대와 자녀 세대 사이에 얼마나 이동이 일어났는지 등을 따져볼 때는 이 점에도 유의해야 할 것이다. 퍼센티지가 달라지기 때문이다.

사회 불평등과 계급·계층 현상을 평가하는 데는 크게 세 가지 입장이 있다. 첫째는 '바람직하지 않지만 불가피하다'는 입장이다. 여기서는 '불평등, 차별은 윤리적·도덕적으로는 옳지 못하다. 그러나 인간 세상에서는 언제, 어디에서든 존재하는 보편적인 현상이다. 그렇기 때문에 극복은 불가능하고 불평등을 완화시키는 일만 가능하다'고 주장한다.

둘째는 '바람직하지 않고 극복이 가능하다'는 입장이다. '불평등은 거의 대부분이 사회적, 후천적으로 만들어진 것이기 때문에 예컨대 신분제도처럼 그 원인을 제거하면 극복이 가능하다'고 주장한다. 사유재산제도의 혁파, 상속제도의 폐지, 실업문제를 야기하는 원인의 제거 등이 예가 될 수 있다.

셋째는 '사회 구성원들의 능력 발휘 및 사회의 생존과 원활한 기능을 위해서는 불평등과 차별은 필요하다'는 입장이다. '이를 위해서는 능력에 따른 차별적 보상이 필요하다, 사회 전체의 생존과 원활한 기능에 꼭 필요하고 중요한 일에는 더 많은 보상이 필요하다. 그렇게 해야 공평하기도 하고 많은 사람이 열심히 일하려고 할 것이고, 그 결과 사회가 더 잘 돌아가고 발전도 할 수 있게 된다'고 주장한다.

과연 이 '삼인삼색'의 진단과 평가 중 어떤 입장이 올바르고 현실적이고 적합하다고 할 수 있을까? 금수저·흙수저의 대물림 현상은 불가피한가, 극복 가능한가, 아니면 필요한가? 깊이 생각해보고, 동료들과 토론해보자.

2부

세 바퀴로 굴러가는 국가와 시민사회, 그리고 복지국가

우리는 앞서 경제와 불평등 문제를 다루었고, 이제 국가와 시민사회 쪽으로 넘어간다. 우리가 이러한 순서로 이야기를 해나가는 이유는 앞에서도 언급했지만, 전체 사회는 큰 틀에서 보면 경제생활과 정치생활, 사회문화생활의 세 가지 부문으로 짜여 있고, 이 세 바퀴로 굴러간다고 할 수 있기 때문이다. 그러나 이 세 바퀴는 따로따로 외발로 굴러가지 않고, 서로 의지하고 관계를 맺고 상호작용을 하며 굴러간다. 세 부문 사이의 관계가 어떠한가에 대해서는 견해가 다를 수 있겠지만, 먹고사는 문제를 해결하는 것이 개인의 삶이나 사회생활, 전체 사회 구성원의 생존, 정치·문화 등 경제 외적인 사회생활에 대해서도 가장 중요하고 모든 사회생활의 기초가 되기 때문에 경제부터 다루었던 것이다.

어떤 사람은 국가가 담당하는 국방이 더 우선적으로 중요한 것 아니냐고 되물을 수 있겠지만 국방이나 국가라는 것도 군인이나 정치가가 먹고살아야 가능한 일이고, 각종의 무기나 장비를 만들거나 사 와야 국방도 가능해진다는 점을 생각해야 할 것이다. 국가는 왜 기업이나 개인에게 세금을 걷는가? 국가의 유지와 작동을 위해서는 '돈'이 없어서는 안 되기 때문이 아닌가?

그렇다고 경제와 국가만 전체 사회를 유지하고 굴리는 것은 아니다. 먹고사는 것은 물자와 서비스를 생산, 공급하는 것 그 자체가 아니라 생산된 물자와 서비스를 소비하는 것을 의미한다고 할 수 있다. 소비를 하며 먹고살아야 그다음 날 일도 하고 공부도 할 수 있는 것 아닌가. 이러한 소비는 일차적으로 가정을 중심으로 한 사회문화생활 영역에서 이루어지고, 경제 부문과 이 사회문화 부문에서 낸 세금을 기반으로 국가가 소비를 하면서 활동할 수 있게 되기 때문에, 큰 틀에서 보면 국가 영역과 정치생활 영역도 소비의 영역이라고 할 수 있다. 물론 국가는 경제와 가정 등 사회문화적 시민사회 영역에 필요한 국방·치안·입법·행정·사법 서비스와 사회간접자본이라 불리는 도로, 항만, 철도의 건설 등 공공서비스를 제공한다. 그래서 이러한 과정과 관계가 바로 전체 사회를 움직이는 세 바퀴 사이의 관계인 것이다. 그리고 현대의 한국 사회도 이 같은 세 바퀴로 굴러간다고 할 수 있다.

4장

현대의 국가와 시민사회, 민주주의

1. 현대 국가의 특징과 '최순실 국정 농단' 사건

'오늘날 우리가 살고 있는 시대', 즉 '현대'의 국가는 '입헌민주 공화국' 시스템을 가지고 있다. 현대의 국가는 과거 봉건시대의 '왕국'과는 달리 통치자가 자기 마음대로 통치할 수 없고, 법을 정해 놓고 그 법의 테두리 안에서 국민과 나라를 통치하도록 제약을 받는다. 이것이 '법치주의'라는 것이고, 왕들이 자의적으로 정책을 결정해 집행시키고 세금을 걷는 등의 통치행위를 법으로 제약하는 원리이다. 이 원리는 통치자가 아니라 피통치자인 국민과 백성이 국가권력의 주인이라는 민주주의 사상에 바탕을 두고 있다. '공화' 또는 '공화주의'란 국가의 권력이나 통치가 사적인 것이 아니라 공적인 것이라는 생각이나 원리로서 국가권력을 사익을 위해 사용하거나 사적인 연고로, 즉 사적인 혈통에 따라 물려주고 물려받아서는 안 된다는 것이며, 국가권력은 공적으로 선출하고 공공의 이익을 위해 일해야 한다는 원리이다. 현대의 국가는 이 세 가지 원리를 가지고 있고, 그러한 원리를 따라야 현대 국가라고 할 수 있다. 대한민국도 그러한 원리를 따르는 현대 국가이며, 헌법을 통해 '대한민국은 입헌민주공화국'이라는 원칙을 천명하고 있다.•

2016년 가을, 국내에서는 '최순실 국정 농단' 사건 혹은 '최순실 게이트'가 발생했다. 많은 국민이 분노하고 들고일어나 '촛불'을 들고 '대통령의 퇴진'과 '하야', '탄핵', '진상 규명' 등을 요구했다. 대한민국은 '민주공화국'이라는 헌법 정신을 위배했기 때문이다. 최순실은 물론 박근혜 대통령 이하 청와대 공무원들, 기타 그 사건에 연루된 사람들은 헌법을 위반한 것이고, 그에 따라 사퇴는 물론 처벌받아 마땅하다. 국가권력은 국민과 공공의 소유이고 공공의 이익을

• 대한민국헌법 제1조 ① 대한민국은 민주공화국이다. ② 대한민국의 주권은 국민에게 있고, 모든 권력은 국민으로부터 나온다. 제65조 ① 대통령·국무총리·국무위원·행정각부의 장·헌법재판소 재판관·법관·중앙선거관리위원회 위원·감사원장·감사위원 기타 법률이 정한 공무원이 그 직무집행에 있어서 헌법이나 법률을 위배한 때에는 국회는 탄핵의 소추를 의결할 수 있다. ② 제1항의 탄핵소추는 국회재적의원 3분의 1 이상의 발의가 있어야 하며, 그 의결은 국회재적의원 과반수의 찬성이 있어야 한다. 다만, 대통령에 대한 탄핵소추는 국회재적의원 과반수의 발의와 국회재적의원 3분의 2 이상의 찬성이 있어야 한다. ③ 탄핵소추의 의결을 받은 자는 탄핵심판이 있을 때까지 그 권한행사가 정지된다. ④ 탄핵결정은 공직으로부터 파면함에 그친다. 그러나, 이에 의해 민사상이나 형사상의 책임이 면제되지는 아니한다(국가법령정보센터, http://www.law.go.kr/lsInfoP.do?lsiSeq=61603&ef Yd=19880225#0000).

위해 공적으로 사용되어야 하는데, 대통령을 포함한 일부 사람들이 국가권력을 그들만의 사익을 위해 사적으로 이용했기 때문이다. 헌법과 헌법 정신에 따르자면, 국민에게는 대통령의 하야 등을 요구할 권리가 있고, 강제로 대통령직을 박탈하는 탄핵권도 있다. 대한민국은 국민이 주인인 민주공화국이고, 법에 따라 국가권력을 사용하게 되어 있기 때문이다.

2. 현대 국가의 탄생과 시민사회

현대적인 국가는 오래전 서양에서 생겨났고, 한국에서는 1945년 일제로부터 해방된 후 분단 상황에서 생겨났다. 미군정 치하에서 3년여에 걸쳐 정부 수립을 둘러싼 치열한 논란과 좌·우파 세력 간의 대결과 싸움과 테러, 진압 등을 거쳐 1948년에 헌법이 만들어졌고 정부, 즉 현대 국가가 수립되었다.

서양에서 현대 국가는 '사회계약 사상'과 '시민혁명'을 통해 생겨났다고 할 수 있다. 그러나 그렇게 단순하게 잘라 말할 수만은 없는 이유가 있다.

첫째, 사회계약 사상을 담고 있는 '사회계약설' 또는 '사회계약론'은 최소한 세 가지로 나누어진다. 그러한 사상을 대표하는 인물로는 토머스 홉스(Thomas Hobbes), 존 로크(John Locke), 장 자크 루소(Jean Jacques Rousseau) 등이 있는데, 홉스는 '절대군주제'를 주장했고, 로크는 '대의민주주의 입헌군주제'를 주장했으며, 루소는 원시

자연 상태의 자유와 평등, 직접민주주의가 실현될 수 있는 공산주의와 유사한 유토피아를 탐색했다. 현대 국가는 이 가운데 로크의 사상에 기초를 두고 있다고 할 수 있다.

둘째, 현대의 국가는 특정 사람들의 생각이나 사상만으로 생겨나지 않았다. 특정 사람들의 생각이나 사상은 많은 이의 지지와 공감을 바탕으로 확산되어 '시대정신'과 같은 것으로 정착되고 신봉되어야 힘을 발휘할 수 있다. 그리고 그것이 어떤 힘과 세력으로 작용해야 정치 질서도 바뀔 수 있다. 그래서 봉건 왕국 시스템은 '시민혁명'을 통해 무너졌고, 현대의 국가는 시민혁명의 산물이라고 할 수 있다. 그러나 그것도 사실은 부족하다. 왜냐하면, 성공한 시민혁명은 사실상 몇 번 없었고, 몇 번의 성공 사례가 시민혁명에 담긴 사상을 많은 나라 사람들에게 전파해서 시대정신처럼 되어갔기 때문이다. 그러나 현대 국가의 탄생을 설명하기에는 이것만으로도 부족하다. 왜냐하면, 그런 사상이 생겨나고 공감과 지지를 얻고 확산되어가고 시민혁명이 일어난 데에는 또 다른 배경 요인들이 작용했기 때문이다.

셋째, 봉건 왕국의 통치는 피지배층 사람들에게 여러 가지 피해를 주었고, 이 사람들에게 문제의식을 만들어주었으며, 문제의식이 큰 사람들이 서로 결집하고 사람들을 끌어모아 저항에 나섰으며, 저항운동을 주도했다. 여기서 중요하게 작용한 요인은 경제적인 이해관계와 피해, 그리고 능력이었다. 서양의 중세 후기에 '부르주아'라고 불린 상공업자 평민층은 자유로운 경제활동을 제약하고 재산을 약탈하던 봉건 왕국에 대한 피해의식이 가장 컸다. 이들은 상공업의 발달에 힘입어 부를 축적한 상태에 있었고, 시민사회 사상, 특히 로크의 사상에 동조해 그러한 사상을 내세우며 그들과 유사한 피해를 본 사람들을 끌어모아 혁명운동을 주도했고, 그러한 사상을 시대정신으로 확산시켰던 것이다.

현대 국가를 탄생시킨 배경 요인들은 이처럼 '사상', '운동', '경제'의 세 가지로 요약할 수 있다.

3. 시민사회를 어떻게 볼 것인가

국가와의 관계 면에서 보면, 국가는 '공적 영역', '공공 부문'에 속하고, 시민사회는 그 반대로 '사적 영역', '민간 부문'에 속한다.

공무원에 왜 '공' 자가 들어가는가? 공무를 하는 사람이고, 'public service', 그러니까 모든 사람, 모든 국민의 이익을 위해 봉사하는 일을 하는 사람이라는 뜻에서 '공' 자와 '서비스'라는 말이 붙는 것이다. 그래서 옛날에는 언론기관이 공무원을 한자로 '공복(公僕)', 즉 공공의 머슴, 국민 모두가 주인이고 국민 모두가 부리는 머슴이라고 불렀다. 화장실을 왜 '공중변소'라고 하고, 유행병이 돌 때 왜 '공공장소'에 가는 것을 삼가라고 하며 '공공' 자를 붙이는가? 모든 사람까지는 아니더라도 '수많은 사람들'(public)이 이용하는 장소이기 때문이다. '공'과 '사'를 구별해야 한다는 말도 따지고 보면 다 거기에서 연원하는 말이다. 특히 공무원과 공직자, 그리고 박근혜 같은 대통령도 '공인', 즉 '공공기관'에서 일하는 사람, '공적인 업무'

유팔무·김호기 엮음, 『시민사회와 시민운동』(한울, 1995).

를 보는 사람으로서 '공'과 '사'를 구별해서 일하는 것이 원칙이다. 이를 어기면 문제가 된다. 최순실처럼 사적인 연고로 특정인에게 특혜를 준다든지, 대통령 비서들을 사적으로 부린다든지 하는 것도 그래서 문제가 되는 것이다.

시민사회는 '사적인 영역'이자 '민간 부문'이다. 이렇게 부르는 것은 세상살이, 그리고 전체 사회를 공과 사 둘로, 이분법적으로 나누어 보는 것이다. 자본주의 시장경제하에서 '기업'은 대개 '사기업' 또는 '민간기업'이다. 그러나 기업 중에는 '공기업'도 있다. 국가가 '공공성'이 큰 분야의 기업에 국민 세금을 투자하고 관리, 운영하는 기업이다. 기업뿐 아니라 도로, 교통, 통신, 금융, 교육, 연구, 언론, 보건·의료, 체육 기관 등 공공성이 큰 분야에 대해서는 마찬가지로 국가가 투자, 관리, 운영을 한다. 각종 '공사', '국공립', '국영·공영·시영' 자가 들어가는 기관들이 다 거기에 속한다. 민간의 자율적인 경제·사회·문화 생활의 영역에 적극 개입하는 국가는 흔히 '개입 국가'라고 하며, 우리 헌법에도 이런 것이 국가의 책임이라고 여기저기 명시되어 있다.

그러나 시민사회는 보는 관점에 따라 사회계약 사상에서처럼 '정치' 중심으로 파악되거나 마르크스에서처럼 '경제' 중심으로 파악되기도 하고, 둘을 다 고려해 경제 부문, 사회문화 부문으로 파악되기도 한다. 오늘날에는 세 번째의 관점이 대세를 이루고 있다. 그리고 경제를 시민사회에서 분리시켜 전체 사회를 크게 국가와 경제, 시민사회라는 세 부문으로 크게 나누어 파악하는 경우가 많다. 국가를 '제1부문', 경제를 '제2부문', 시민사회를 '제3부문'이라 부르는 견해가 그 대표적인 예의 하나이다. 국가는 공공 부문이라는 점, 경제는 민간 부문이기는 하지만, 영리 추구가 주 목적이 되어 굴러가기 때문에 민간 영리 부문이라는 점, 시민사회는 그것과 달리 영리 추구가 주목적이 아닌 비영리 민간 부문이라는 점을 특징으로 크게 구별된다고 할 수 있다.

이와 같은 삼분법적 견해도 더 깊이 들어가보면 다양하게 나누어진다. 견해를 다시 갈라지게 만드는 지점은 경제를 어떤 성격의 것으로 보는가와 경제를 시민사회와 어떤 관계에 있는 것으로 보는가일 것이다. 경제를 시장(교환 관계) 중심으로 볼 것인가, 생산(기업) 중심으로 볼 것인가, 따라서 비계급적으로 볼 것인가, 계급적으로 볼 것인가 하는 점이 하나이다. 경제와 시민사회의 관계를 분업적, 수평적인 관계로 볼 것인가, 아니면 경제와 생산이 더 중요하고 우선이며 시민사회는 그다음의 민간 소비 영역이고, 이러한 소비생활을 기초로 가족을 중심으로 한 사회문화생활과 정치적·비정치적 여론을 형성하고 정치와 경제에 대한 지지 또는 비판의 압력도 형성, 작용하는 영역 아닌가 하는 것이다. 우리는 후자의 견해가 가장 적합하지 않을까 생각한다. 이렇게 본다면 좁은 의미의 시민사회는 소비를 기초로 한 사회문화생활이 이루어지고 가치관과 여론이 형성되고 작용하는 영역이라고 할 수 있고, 그 내부에는 가족을 비롯해 각종의 비영리단체와 기구, 친목단체, 사회단체, 교육·언론·종교 단체와 기관, 사회운동 조직, 정당을 뺀 각종 정치단체* 등이 활동하고 있는 것으로 나타난다.

시민사회는 또한 민주주의의 근거지이자 보루라고 할 수 있다. 시민사회의 시민들에게 선거권과 참정권을 부여하는 이유는 그들이 자본가(기업가, 경영자), 노동자, 사업가이기 때문이 아니라, 정치적인 주권자이기 때문이다. 이런 의미에서 각종의 경제활동인구는 시민에 포함되지만, 곧바로 시민과 같은 것은 아니다.

4. 시민의 뜻과 지위 변화, 그리고 민주주의의 여러 종류

1) '시민사회'에서 '시민'이란 누구인가

'시민'이란 도시에 사는 사람, 따라서 '도시 주민'이라는 말에서 연원한다. 그러나 시대가 변천하면서 그 사람들의 사회적인 지위와 성격이 달라져왔다. 고대 노예제 시대의 아테네, 로마 등 도시국가에서의 시민이란 도시 주민이라는 뜻을 넘어서 '자유롭고 재산권과 참정권을 가진 특권층'을 가리키는 말이었다. 로마제국이 멸망한 후, 중세시대로 넘어가면서부터는 영주들이 거주하며 분권 형태로

---

* 정당은 법적으로 인정된 정치단체이고, 국가와 지방정부 권력의 일부를 구성하므로, 국가 부문에 속한다고 할 수 있기 때문에 시민사회에 위치한다고 할 수 없다.

지역 농촌을 다스리던 '성의 안팎에 거주하던 상공업자 평민층'을 가리키는 말로 그 의미가 바뀌었다. 이것도 도시 주민이라는 뜻에서 벗어나는 의미였다. 프랑스 말로 '부르', 독일어로 '부르크'는 성을 가리키고, 그 성에 사는 사람은 부르주아, 뷔르거라고 불렸지만, 이들은 '제3신분'으로 분류, 취급되었다. 사람을 세 등급으로 나누어 왕족과 귀족층은 제1신분, 성직자층은 제2신분으로 분류해 차등적인 권리와 의무를 부과했다. 그러다가 '시민사회의 봉기'와 '시민혁명' 등을 통해 봉건국가와 신분제도가 무너지고 현대로 넘어온 이후, 민주주의 사상이 적용되어 왕이 아니라 모든 국민을 주권자로 간주하고 나면서부터 자유, 평등, 생명, 재산권 등 기본권을 가지고 있는 존재로 간주해 이 모든 이를 '시민'이라고 불렀다. 그래서 현대 사회에서 시민이란 '정치적 주권과 인간으로서의 기본권을 가진 사람'이라는 뜻으로 변화하게 되었다.

2) 시민혁명 시기의 시민 권리

시민 권리는 우선 '인권'이라는 형식으로 표출되었다. 그 대표적인 예가 '프랑스 인권선언'이다. 1791년 프랑스혁명 직후, 의회 대표들은 새 헌법의 기본 원칙을 정해 선언했는데, 이것이 '인간과 시민(citoyen)의 권리선언'이다. 그리고 가진 자, 즉 신흥 상공업자 시민계급의 이익을 우선적으로 대변했다. 그 내용은 다음과 같다.•

• 차하순, 『서양사 총론』(탐구당, 1982), 423~424쪽에서 재인용.

제1조 <u>사람</u>은 출생과 더불어 또한 생존함에 있어서 자유이며 평등한 권리를 갖는다.

제3조 모든 주권의 원천은 본래 <u>국민</u>에게 있다.

제6조 모든 <u>시민</u>은 법의 제정에 참여하는 권리를 갖는다. 법의 보호, 법에 의한 처벌에 있어서 만인은 평등해야 한다.

제11조 사상 및 의견의 자유로운 교환은 <u>사람</u>의 가장 귀중한 권리의 하나이다. 그런 까닭에 시민은 자유롭게 이야기하고 저작하고 출판할 수 있다.

제17조 <u>재산</u>은 신성한 권리이므로 법적으로 공공의 필요가 분명한 경우, 그리고 미리 정당한 배상을 지불한다는 조건이 붙지 않는 한, 빼앗기지 아니한다.

(밑줄은 저자 강조)

시민권이 쟁취된 이후, 실제로 그런 시민권을 인정받고 부여받고 소유하고 행사한 사람들, 혹은 시민들은 일차적으로 '가진 자들'(시민계급)이었다. 반면에, 형식상으로 시민이고 인간이었던 다양한 부류의 주변적인 사람들, 즉 노동자, 농민, 여성 등은 사실상 부르주아 남성을 상대로 한 '시민권과 시민자격 쟁취운동'을 통해 시민적 권리(civil rights)와 시민권 행사 자격(citizenship)을 '쟁취'했고 법적으로 제도화시켰다.

영국의 경우, 1815년 무렵까지 투표권을 가진 사람은 성인 남자의 5% 정도에 불과했다. 그 후, 1832년에는 납세액 기준을 낮추어 선거권자의 폭을 넓혔으나, 도시와 농촌의 노동자 다수는 제외되었다. 도시 노동자에게는 차티스트운동(선거권 획득을 위한 노동자들의 서명운동)이 진행된 이후 1867년에 이르러서야 선거권이 부여되었으며, 1884년에 이르러 농업 노동자에게도 선거권이 부여되어 비로소 거의 모든 성인 남자의 보통선거가 실시되었다. 그러나 여성의 경우는 1918년에 이르러서야 30세 이상에 한해 선거권이 부여되었다.* 미국의 경우, 18세기 말 선거권은 남성 자유인 중에서 일정 수준 이상의 재산을 소유했거나 일정 액수 이상의 세금을 납부하는 사람에게만 부여되었다. 여기에 식민지에서의 거주 기간, 종교, 도덕성 등도 자격 요건으로 첨부되었다. 이러한 제한 조건은 19세기까지 지속되어 1824년 대통령 선거에서는 전체 성인 인구 가운데에서는 8%, 전체 백인 성인 가운데에서는 18%만이 선거에 참여했다.**

다음으로, 시민권의 '내용'은 대부분 부르주아 시민계급의 이익과 요구를 집약하고 있었다. 시민의 권리라고 하는 것은 기본적으로 신분에 따른 차별과 특권, 왕권신수설 등에 대한 비판과 저항, 요구였다. 당시 이러한 의식을 공유하고 목소리를 낸 '시민들'이 주로 누구였는가 하는 점을 따져보면 그들은 바로 부르주아, 그리고 '무엇인가를 가진 자'였다. 몸뚱이를 빼고는 가진 것이 없던 프롤레타리아들은 사실 부차적이었다. 이 점은 이들이 왜, 그리고 어떤 의미

---

*   차하순, 『서양사 총론』(탐구당, 1982), 475~477쪽, 557~559쪽.
**   유팔무, 「미국의 시민사회와 민주주의, 그 허와 실」, ≪동향과 전망≫(1997, 가을).

에서 자유, 평등, 생명, 재산 등의 가치와 권리를 주장했는가를 그들의 처지와 연관 지어 따져보면 윤곽이 드러난다.

그들이 내세운 '자유'라고 하는 것은 소극적인 자유로서 '무엇무엇으로부터의 자유', '무엇 무엇이 없음'이라는 뜻인데, 그 무엇 무엇은 바로 '억압과 속박, 공포와 약탈', 즉 봉건귀족층과 왕으로부터의 특권적, 자의적인 지배를 뜻하는 것이었다. 그 대표적인 예가 약탈적이고 임의적이고 강권적인 조세 징수였다. 상업 활동의 자유와 조세법률주의도 여기 포함된다. 따라서 자유와 함께 생명과 재산의 가치, 천부적인 생명권, 재산권이 강조된 것이었다. 여기서 특히 '재산권', '소유권'을 '천부적인 신성한 권리'로 내세운 이유도 짐작이 가고, 과연 누가, 어떤 계급이 그런 이해와 관심을 강하게 가졌는지도 충분히 짐작된다. 다른 한편, 그들이 내세운 '평등'이라는 것은 결코 자유에 반대되는 가치나 권리가 아니었다. 특권에 반대해 특권 귀족층과 비특권 시민층 및 평민층 사이의 동등한 권리를 내세운 것이었다. 이들이 천부적인 자연권으로서의 평등 외에도 실정법상의 평등, 즉 '법 앞의 평등'을 주장한 것은 봉건 특권층의 임의적인 권력 행사를 비판하고 거기에 제동을 걸기 위한 것이었으며, '법치주의'를 의미하는 것이었다. 그러나 이 경우에도 부르주아 시민들의 목소리에는 '재산의 분배나 공유', '사유재산제도의 철폐' 같은 것들은 들어 있지 않았고, 오히려 그 반대였다.

3) 민주주의의 뜻과 종류

민주주의란 용어는 고대 그리스 시대에 생겨난 것으로, '귀족의 지배와 통치'에 반대되는 '민의 지배와 통치'라는 뜻을 가졌다. 소수에 불과한 귀족의 지배와 통치는 아리스토크라시(aristocracy), 다수를 차지하는 시민의 지배와 통치는 데모크라시(democracy)라 불렸다. '다수결' 원칙도 여기에서 파생되었다. 그러나 당시의 민주주의가 진정한 민주주의였는지, 직접민주주의를 할 수 있었는지에 대해서는 비판적인 견해가 많이 있다. 고대 그리스 사회가 노예제 사회였기 때문이다. 실제로 인구의 다수를 점한 노예들은 자유롭지도 못했고, 시민으로 인정받지도 못했다. 또한 그들은 참정권이나 재산권도 없었으며, 정치적인 의사 결정 과정에 참여하거나 발언할 권리도 없었기 때문에 민주주의는 매우 제한된 사람들 사이에서만 이루어질 수 있었다.*

민주주의는 여러 종류로 나뉜다. 흔히 직접민주주의와 간접민주주의(또는 대의민주주의), 실질적 민주주의와 형식적(절차적) 민주주의, 정치적 민주주의와 그 밖의 경제생활, 사회생활 속에서의 민주주의(경제민주주의, 산업민주주의, 생활민주주의 등)로 나뉜다.

간접민주주의 혹은 대의민주주의란 시민이 직접 의사 결정 과

---

* 기원전 5세기경 아테네의 인구는 20만 명 정도였는데, 이 가운데 성인 남자로 구성된 '시민', 즉 '시민권 소유자'는 3만 명 정도로 각자 노예를 2~4명씩 소유했다고 한다.

정이나 통치에 모두 참여할 수 없기 때문에, 그들의 대리인을 선출하고 그 대리인들이 민을 대표해 토론과 의사 결정을 하는 시스템을 말한다. 국회의원은 이런 점에서 시민이 뽑은 대의원, 대리인, 대변인이라고 할 수 있다. 대통령이나 선출직 공무원도 이와 마찬가지로 시민이 모두 직접 통치에 나서기가 곤란해서 그들의 뜻에 맞는 대리인, 대표자를 뽑아 대리 통치를 시키는 셈이다. 이와 같은 대의민주주의는 흔히 형식적·절차적 민주주의라고도 불린다. 민주주의란 민의 지배와 통치이므로 자치를 뜻하기도 하는데, 대리인과 대표자를 선거를 통해 선출하고, 그들에게 권리를 위임해 대리 통치를 하게 하는 대의민주주의에서는 선출 절차가 중요해진다. 한편, 다수결 원칙에 따라 선출된 대리인, 대표자들이 시민의 뜻을 저버리거나 위임된 권한을 벗어나는 행위를 하는 경우가 발생하는데 이런 경우 실질적인 민주주의가 아니고 단지 형식상의 민주주의일 뿐이라는 얘기가 나오게 된다. 내용과 형식의 불일치 현상이라고도 할 수 있다.

대의민주주의에서는 이러한 문제점을 보완하기 위해 대리인과 대표자의 임기를 두는 한편, '탄핵'이나 '주민소환' 같은 소환제도를 두어 중도 하차하게 하는 등 통제를 가하기도 하지만, 그것으로도 부족하다는 견해가 생기게 된다. 그래서 나오게 된 두 가지 종류의 민주주의가 있다. 하나는 인민민주주의 또는 민중민주주의라는 것이고, 다른 하나는 참여민주주의라는 것이다.

인민민주주의는 주로 사회주의나 공산주의를 하는 나라에서 채택하는 제도이다. 대의민주주의에 대해서는 돈 많은 부르주아 계급에게 유리하도록 경제 영역과 기업 내에서 부르주아 독재를 보호하고 유지시키는 역할만 한다고 보아 실질적으로는 민주주의가 아닌 부르주아 민주주의라고 하며 부인했다.* 인민민주주의는 사회주의적 민주주의라고도 불리며, '다수결'보다는 '전원합의제'를 원칙으로 삼는 것을 '민주집중제'라고도 한다. 그렇지만 그들의 진정한 민주주의, 인민민주주의도 기술적으로는 직접민주주의가 불가능하기 때문에 대리인, 대표자를 선출해 대리 통치를 맡길 수밖에 없었다. 그러나 인민민주주의는 대리인과 대표자들을 선거로 결정하는 것이 아니라 인민을 대표하는 정당의 최고 지도층이 일방적으로 결정해 하달하고, 의사 결정을 미리 해둔 상태에서 거기에 대해 찬반 투표를 하게 하는 일당독재로 가게 되었다.

참여민주주의 역시 대의민주주의의 맹점을 보완하기 위해 항시적으로 정치 영역에서 이루어지는 입법, 행정, 사법 관련 의사 결정, 그리고 경제생활과 사회문화생활 각 영역에서의 의사 결정 과정에 시민과 이해당사자들이 가급적 자주 직접 참여해 민주주의를 직접민주주의 쪽으로 심화시키고, 경제·사회 영역으로 확장시키자는 입장이다. 이러한 참여민주주의는 많은 나라에서 채택되어 제도화되어 있다. 주민 발의 및 투표제, 주민참여예산제, 학교운영위원회 제

---

* '인민민주주의'의 '인민'이란 본래 'people'이라는 말이지만 노동자, 프롤레타리아 외에도 농민, 빈민을 포함하는 말로 범위가 축소된 말이며 중국이나 북한 같은 사회주의, 공산주의 나라의 국명에 많이 사용되어왔다. 민중민주주의란 인민을 민중이라는 우리말로 바꾸어 부른 인민민주주의의 동의어이다.

도, 노동자 경영 참가에 의한 노사공동결정제 등이 그 예이다. 이러한 참여민주주의 제도는 대의민주주의의 약점을 보완하고 민주주의를 실질화·심화·확장시키는 데 기여하는 바가 크다. 그렇지만 이것 역시 직접민주주의는 아니고, 참여 기회가 많거나 적게 제도화되어 있을 수 있어 대의민주주의와 직접민주주의의 중간 형태라고 할 수 있다. 생활민주주의란 일상생활을 하는 가운데 자유롭고 평등한 인간관계, 발언과 토론, 의사 결정 면에서 민주적인 원리를 취하는 것을 말하는데, 그 반대는 권위주의, 즉 상명하복의 원리이자 인간관계, 태도 등이라고 할 수 있다.

심화 학습 자료 탄핵 심판과 민주주의의 심화·확장

최순실 국정 농단 사건이 파헤쳐지면서 박근혜 대통령에 대한 탄핵소추가 국회에서 가결되었다. 탄핵소추권은 헌법 제65조에 명시된 국회의 권한으로서 국민을 대신해 국회의원들이 대통령을 대통령직에서 파면시키는 것이고, 파면된 대통령은 이로써 민·형사상 책임이 면제되지 않는다. 그래서 뇌물수수죄가 있다면, 형사처벌을 받아야 한다.

탄핵제도는 '국민소환제'로서 17세기 존 로크의 사회계약 사상에서 연원하는데, 그 취지는 대의민주주의 제도에 약점이 있기 때문에 이를 보완하기 위한 장치를 만들어야 한다는 것이었다. 탄핵은 그래서 국민들이 민주적으로 선출한 대통령이 법치주의를 어기고 법을 어기면서 직권남용, 뇌물수수 등 통치행위를 자의적으로 하는 것을 막기 위한 민주적인 장치인 것이다.

또 다른 견제 장치는 임기 제도이다. 미국과 유럽 대부분은 임기 4년 중임제를 채택하고 있으며, 한국도 과거에는 그랬다. 그러나 1961년 쿠데타로 집권한 박정희(박근혜의 아버지)는 헌법을 바꾸어가며 대통령직을 연장하고 연장해 18년간 군사독재를 하다 권력 서열 2인자인 중앙정보부장에게 총을 맞고 사망했다. 그리고 1980년 박정희의 양아들을 자처한 전두환이 군사쿠데타를 통해 정권을 이어받아 독재를 계속하다, 마침내 1987년 범국민적인 저항에 직면하게 되었고, 지금의 헌법으로, 대통령 임기가 5년 단임제로 개정되었다. 이것 또한 독재를 막기 위한 민주적인 견제 장치였다.

탄핵 국면을 맞이하면서 대한민국이 적어도 헌법상으로는 민주공화국이라는 사실을 확인할 수 있다. 그러나 최순실·박근혜 게이트, 아니 국가권력의 사유화 사태를 겪으면서 대의민주주의 제도에 아직도 허점이 많이 남아 있다는 점을 깨닫게 된다.

대의민주주의의 허점을 보완하는 사상과 제도의 하나는 '참여민주주의'이다. 그 실례로는 첫째, 유권자인 국민이 직접 나서서 국가권력을 감시, 비판, 견제하는 활동을 벌인다. 이는 여러 분야의 시민(사회)단체들이 해오고 있다. 둘째, 국가적으로 중요한 의사 결정 과정에 주권자인 국민이 직접 참여해 발언하고 토론해 최종적인 의사 결정을 한다. 이것은 민주주의를 심화시키는 활동이라고 할 수 있다. 노무현 대통령 임기 말인 2006년을 전후해 국내 시도 지방자치단체 수준에서는 주민 소환제, 주민 발의 및 투표제, 주민참여예산제가 도입되어 오늘에 이른다. 셋째, 민주주의의 확장이라고 할 수 있는 것으로서 정치, 행정 분야를 넘어서 경제, 사회·문화·교육 분야에까지 민주적 의사 결정 과정과 제도를 도입, 확장시켜나가는 활동과 제도이다. 기업의 경영에 노동자들이 참여해 사장 선임이나 구조조정 문제 같은 중요한 문제에 대해 토론을 거쳐 공동으로 의사 결정을 하고, 대학의 운영에 학생을 비롯한 대학의 4주체가 직접 참여해 중요한 의사 결정을 민주적으로 하는 제도가 그 예이다. 독일이나 스웨덴 같은 나라는 이런 것들을 하는데, 대한민국이라고 못할 것이 어디 있을까?

- **학생:** 교수님께서는 지금 일어나고 있는 이 촛불집회를 사회학자의 관점으로 바라보셨을 때 어떠한지, 기존에 있었던 굵직굵직한 시위(예를 들어 4·19혁명, 5·18민주화운동, 6월민주항쟁, 그리고 노무현 대통령 탄핵 반대 시위, 광우병 시위, 세월호 시위 등)와는 무엇이 다른지, 한국 사회에서 역사적으로 어떤 의미와 의의가 있는 것이고, 세계 사회에서는 어떠한 의미와 의의가 있는 것인지, 이 집회가 앞으로 얼마나 영향을 미칠 것인지 등을 알고 싶습니다.

- **유팔무:** ① 이번 시위는 광우병 시위와 같이 문화적인 성격을 동반한 점이 유사하지만, 그 의의는 훨씬 더 크다고 본다. 광우병 시위는 FTA 반대 및 먹거리 안전 문제를 계기로 네티즌들이 주도했고, 젊은 여성층이 주도해 교육, 언론 문제도 건드렸다. 그러나 이번 시위는 좀 더 다양한 층이 참여했고, 국가, 정치권력, 민주주의뿐 아니라 세월호 진상 규명과 재벌, 교육, 부정부패 등 매우 복합적이고 총체적인 문제를 성토하고 있다.

  ② 세계사적인 의의가 얼마나 될지는 의문이다. 한국사에는 의미가 매우 크다고 본다. 세계적인 망신살이 뻗친 일이었고, 민주주의를 새로 시작한다는 의미가 가장 크다고 할 수 있다. 국가권력과 재벌과의 정경유착 및 비리 등은 오래전부터 우리 사회에 뿌리내린 것이었는데, 이번 사건을 계기로 근절되지 않았음이 성토되었고 언론 보도도 되어 (시민사회의 여론 형성 영역에) 환기가 많이 되었고, 각성의 계기도 되었다.

  ③ 그러나 향후 이러한 뿌리 깊은 문제들을 근절시키는 계기로는 될 수 없을 것이라는 점이 현실적이고 우울한 미래 전망이다. 적지 않은 국민이 대통령 탄핵을 지지하고 있고 대통령과 그 측근들, 그리고 거기에 연루된 기업, 대학 등 관계자들이 처벌을 받는다면 커다란 교훈이 되겠지만, 그 뿌리는 경제 및 교육의 '제도'와 '문화'로 정착해 있고, 국민 다수의 의지나 정치가 다수의 의지가 단호하지 않기 때문에 근절은 어려울 것이다. 예를 들어

재벌 중심 경제 질서나 대학입시 위주 교육과 사립대 중심, 취업 중심 대학 교육제도가 바뀌겠는가 하는 것이다. 이 점은 지금 대권을 다투는 사람들 면면을 보면 그렇고, 국민들의 지지 성향을 봐도 그렇다. 국민들의 의식 변화와 혁신적인 인물들이 자라날 수 있는 선거제도와 정당제도 및 풍토가 필요하며, 이를 위해서는 헌법 개정도 필요하다고 본다.

④ 이런 의미에서는 동학농민운동과 갑오개혁, 4월혁명, 6월항쟁, 광우병 시위 등 과거의 사건들이 혁명이었는가, 그렇지 않은가, 그 사건들이 초래한 결과가 그 이전과 무엇이 얼마나 근본적으로 달라졌는가 하는 점들을 짚어보아야 할 것이다. 최순실 게이트/국정농단 사건과 박근혜 대통령 탄핵 사태 또한 이런 맥락에서 짚어보아 그 성격과 역사적 의의를 평할 수 있을 것이다. 일부 사람들은 이것을 촛불'혁명', '시민혁명'이라고 말하기도 하지만, 과연 어떤 변화와 결과가 빚어지느냐 하는 점을 살펴보아야 할 것이다. 어쨌든, 현재로서는 이런 혼란과 갈등이 상당한 기간 동안 지속되기는 하겠지만, 근본이 바뀌는 혁명적 변화로 이어질 가능성은 미약한 것으로 전망된다.

심화 학습 자료 인민민주주의와 사회민주주의는 어떻게 다른가
(학생과의 질의응답)

- **학생 A**: 여러 가지 민주주의들 중에 인민민주주의와 사회주의적 민주주의가 같은 맥락인 것이지요? 그리고 민주적 사회주의나 사회민주주의와는 어떻게 다른 것인가요?

[민주집중제 ⇒ 일당독재 ⇔ 민주적 사회주의(20세기의 사회민주주의)]

이것이 이해가 잘 되지 않습니다.

- **유팔무**: 너무 간소하게 설명해 이해가 안 가는 것도 무리가 아니다. 인민민

주주의와 사회주의적 민주주의는 사실상 같은 것을 뜻하는 말이라 할 수 있다. 그렇지만 약간 뉘앙스가 다르다. 사회주의에서의 민주주의는 프롤레타리아트가 지배하고 권력을 장악한 것으로서 프롤레타리아트 지배가 이루어지는 실질적 민주주의라는 뜻이고, 인민민주주의는 그보다는 더 넓은 범위의 인민, 즉 노동자 외에도 농민, 빈민, 영세 서민 등을 포괄하는 집단의 지배·권력을 뜻하기 때문이다. 그래서 실제로는 노동자보다는 인민의 지배가 현실적으로는 더 맞는 표현이지만, 실제 사회주의 나라들에서는 이들을 대표하는 권력 엘리트들이 당과 국가의 권력을 독점하다시피 해왔다는 점이 문제이다. 일당독재, 나아가서는 그 당을 일부 소수 그룹이 지배해왔던 것이다. 서유럽에서는 바로 그런 점들을 비판하면서 민주주의, 즉 대의민주주의, 절차적 민주주의를 사회주의적 이상과 결합시켜야 한다는 생각과 주장이 컸다. 그래서 민주적 사회주의, 사회적 민주주의를 내세워왔던 것이다. 그리고 이들은 자신들이 진짜 사회주의를 대표하는 정통파 사회주의라고 주장하기도 했다.

· **학생 B**: 대의민주주의가 부르주아 계급독재인가 하는 부분에서 의원들의 출신이 기득권층으로 구성되거나 기득권층으로 올라가는 경우도 많지만 과거 조선시대와 비교해보면 생계유지를 위해 일하며 과거는 생각도 못했던 평민들과 달리 이 시대 우리 국민들은 최소한의 생계를 보장해주는 복지제도라는 게 있다고 생각합니다. 경제적으로 똑같게는 안 되더라도 출발 선상의 차이를 줄일 수 있는 것이 복지제도라고 생각합니다. 부르주아의 독재를 막기 위해서가 복지국가를 지향해야 하는 또 다른 이유가 아닌가 싶습니다.

· **유팔무**: 나도 그렇게 생각한다. 하지만 그것만으로는 좀 부족할 것으로 생각된다. 돈 있는 사람만 정치할 수 있게 하는 선거제도를 고쳐야 하고, 하층민이 부르주아와 출발선이 같게 될 정도로 강한 복지와 소득재분배는 어

렵고도 어렵기 때문이다. 부자들에게 강력한 누진세 정책을 펴려고 하는 정치가들은 많은 지지를 얻지 못하는 것이 현실이고, 저소득층 복지를 위해 재원을 마련할 때 세금을 대폭 인상한다고 하면 반대하는 계층이 적지 않기 때문이다.

• **학생 C:** 참여민주주의는 이해당사자가 의사 결정 과정에 참여해 결정하는 것으로, 강의 노트 예시에 보면 각 이익집단들이 적혀 있는데, 협의민주주의도 또한 각 이익집단의 대표를 선출해 그들의 목소리를 대신 내주는 것이라고 들었습니다. 그렇다면 참여민주주의와 협의민주주의 이 두 가지가 서로 같은 의미인가요?

• **유팔무:** 둘은 다르다고 보아야 할 것 같다. 협의민주주의란 의사 결정 과정에서 충분한 토론과 협의를 거쳐야 한다는 주장이 강하게 들어 있는 것이어서 협의를 제대로 안하고 곧바로 투표나 선거로 가는 것을 반대하는 입장이라 할 수 있다. 대의제 민주주의에서도 이것이 그대로 적용 가능한 것이다. 참여민주주의는 대의민주주의 바깥에서 민주주의를 좀 더 실질화하려는 생각에서 출발해 권한을 위임한 사람들에 대해 감시하고, 그들만이 의사 결정을 하는 제도에 대해 끼어들어, 즉 참여해 발언권을 행사하는 것이라 할 수 있기 때문에 다르다. 한국의 참여민주주의 제도의 예를 다시 들어본다면, 국민경제 차원에서는 노사정위원회가 있고, 기업 단위에서는 노사협의기구가 있고, 대학에는 학생 대표들도 참여하는 등록금심의위원회가 있다. 지방자치단체 차원에서는 노무현 정부 말기에 제도화된 주민 발의 및 투표제, 주민참여예산제가 있으며, 오세훈 전 서울시장은 주민 투표제를 이용해 무상 급식에 대한 시민들의 찬반 투표를 실시한 후 스스로 시장직에서 물러난 바 있다.

5장

'헬조선'의 '3포 세대'와 사회문제

요즘 젊은 층 사이에서는 '금수저', '흙수저' 외에도 '헬조선'이니 '3포 세대'니 하는 말이 많다. '헬조선'이란 '지옥같이 후진 대한민국'이라는 뜻이다.* 그리고 '3포 세대'니 '5포, 7포, N포 세대'니 하는 말도 많이 하는데 사실 근거 없는 말이 아니라 어느 정도 그런 생각을 갖게 하는 경향도 나타나고 있다. 이런 현상은 일자리 부족, 비정규직화, 취업난, 실업 등과 밀접하게 연관된 문제이고, 청년 세대뿐 아니라 다른 연령층과 세대도 안고 있는 문제이기도 하다. 그리고 전체 사회 차원에서도 심각한 문제가 된다.

만일 청년들이 연애와 결혼을 포기하고 출산도 포기하는 '3포

---

* '헬조선'이라는 말의 의미는 나무위키의 '헬조선' 항목을 참조하기 바란다. https://namu.wiki/w/%ED%97%AC%EC%A1%B0%EC%84%A0

현상'이 일어난다면, 출산율이 더 내려가서 지금도 어려운 한국의 인구 재생산이 더더욱 어렵게 될 것이다. 이는 고령화 추세와 맞물리면서 고령 인구를 더 어렵게 만들고, 젊은 층과 전체 사회의 부양 부담도 더 커지는 결과를 초래할 것이 분명하다. 이런 문제는 사실상 1997년 말 IMF 사태가 벌어진 직후부터 생겨나고 심화되어왔다고 할 수 있을 것이다. 실업난, 빈부 격차의 심화, 즉 양극화 현상이나 비정규직화 현상과 저출산·고령화 현상도 그 이전부터 있어왔던 일들이지만, IMF 이후 한층 가속화되었다. 그런 의미에서 지금의 청년층은 'IMF 세대'라고 부르는 것이 더 맞을지도 모른다.

그러면 왜 IMF 사태 이후 한국은 그런 문제들이 더 심각해지고, '지옥' 같은 세상으로 바뀌게 되었을까.

1. IMF 사태 이후 심화된 사회문제들

1997년 말에 발생한 외환위기를 극복하기 위해 당시 김대중 정부는 국제통화기금(IMF)으로부터 긴급구제금융 지원을 받아 이 위기를 극복했는데, IMF는 경제성장률을 3% 이내로 낮출 것, 부실 금융사와 은행의 퇴출, 기업의 부채 비율 축소, 기업 구조조정과 정리해고의 용이화 등을 조건으로 내세웠다. 김대중 정부는 이에 따라 저속 성장 정책을 채택했으며, 부실 금융기관 폐쇄, 노동자 정리해고제의 도입 등을 실시했다. 그 결과 많은 금융기관이 퇴출되고 구조조정되었고, 1998년 한 해 동안에만 55개 기업이 퇴출당했다. 이로 인해 고용 불안과 대량 실업 사태가 초래되었다. 실업률은 1997년 말 2.6%이던 것이 1998년 말 7.9%로 높아졌다.• 일자리 감소와 실업, 양극화 현상, 성장의 둔화 등은 자본주의가 고도화되어가면서 발생하는 일반적인 현상이지만, 정부의 IMF 처방으로 한층 더 빠르게 진행된 것이었다. 이러한 상황은 그 후의 노무현, 이명박, 박근혜 정부하에서도 지속되었고, 노동의 비정규직화도 급속하게 이루어졌다.

1) 비정규직 노동자의 증가와 실업률 증가의 문제

IMF 이후 비정규직 노동자는 계속 늘어나 전체 임금노동자의 절반을 넘어섰으며, 정규직과 비정규직 간 임금 격차도 매우 심하다. 고용노동부 조사에 따르면, 2013년 5인 이상 사업장 '정규 근로자'들의 월평균임금은 262만여 원이었는데, '비정규 근로자'들은 165만여 원으로 정규직 임금의 63%에 불과했다. 그리고 이들의 평균임금 수준은 4인 가구 최저생계비〔『2014 보건복지통계연보』(보건복지부, 2014)에 따르면, 2014년 163만 원]와 비슷한 수준으로서 빈곤 상태에 있는 셈이다. 대부분의 정규직, 특히 노조가 없는 중소기업체의 노동자들도 고용 불안에 시달리고 있지만, 이들 비정규직 노동자들은

• 이영련, 「국민의 정부의 경제정책 및 개혁과 IMF 상황의 극복전망」, 춘천지역사회연구소·강원일보사·춘천MBC 공동주최, 김대중 정부 출범 1년 정책평가세미나 발표문(1999년 2월 24일).

임시직, 일용직으로서 한층 더 심한 고용 불안 상태에 있다. 이러한 비정규직의 증가 추세는 자본가와 임금노동자 사이의 빈부 격차 심화, 즉 양극화의 한 단면이기도 하다.

실업은 일자리를 상실하는 것이기 때문에 먹고사는 데 문제를 일으키고, 사회적으로 볼 때에도 문제이다. 실업률의 증가는 그 심각성이 더 크다. 통계청 조사에 따르면, 2014년 실업자는 88만 명, 실업률은 3.4%였다. 그러나 실질적인 실업률은 이보다 훨씬 높을 것으로 추정된다. 실업률 계산에서는 분모인 15세 이상 경제활동인구에 취업준비생, 창업준비생, 실망실업자들이 포함되어 있으나 분자인 실업인구에는 이들을 고려하지 않기 때문이다. 그래서 실질적인 실업률은 10% 수준에 달하는 것으로 추정되고 있다. 청년 실업은 더욱 심각하다. 통계청에 따르면, 2014년 청년 실업률은 9.0%였고 최근에는 10%를 넘어섰는데, 역시 실질적인 청년 실업률은 이보다 훨씬 더 높아 아마도 20%를 훨씬 넘을 것으로 추정된다.* 여기서 한 가지 더 고려할 사항은 정부 통계에서는 국제노동기구(ILO) 기준에 따라 주 1시간 이상 일하는 사람을 취업자로 간주해서 몇 시간을 더 일하는 사람들을 모두 실업자가 아닌 것으로 계산한다는 점이다. 그러나 최소한 생계비는 버는 수준이 되어야 취업자라고 할 수 있는 것 아닐까?**

• 현대경제연구원〔≪VIP 리포트≫, 16-20(통권 658호, 2016. 6. 13)〕에 따르면, 청년 체감 실업자는 179만 2000명, 체감 실업률은 34.2%로 조사되었다.

•• '대한민국 국가지표체계'에 따르면, 취업자는 "조사 대상 주간에 수입을 목적

2) '3포 현상'과 '저출산'의 또 다른 배경요인들

3포 현상과 저출산·고령화 현상은 서로 물리고 물리는 관계 속에 있다. 그러면 3포 현상과 저출산 현상은 왜 생겨날까? 주로 돈 문제 때문이다. 결혼하는 데 집값을 포함해 2억 원이 넘게 들어간다는 조사들이 있으며, 아이 한 명 기르는 데에도 그에 못지않은 돈이 들어간다고들 계산한다.

그러나 결혼은 왜 그렇게들 비싼 돈을 들여가며 하는가? 결혼 문화는 좀 바꾸면 안 되는 것일까? 남들과 다르게 결혼하면 안 되는 것일까? 우리는 이런 점을 생각해봐야 할 것이다. 그리고 집값은 왜 그렇게도 비쌀까? 박정희 정권은 경기 부양책의 하나로 부동산과 아파트 투기 붐을 조장했고, 국민들이 거기에 호응했다. 역대 정부는 왜 그렇게 주택정책이 소극적이고 빈약한가. 옛날에 조순 총리가 '토지 공개념'을 들고 나왔듯이 부동산 공개념이 왜 없고, 유럽의 여러 복지국가가 하듯이, 주거 공개념, 주거권 보장 정책 같은 것은 왜 없는가 하는 것이다. 공공임대주택을 더 짓는 수준에 머물지 말고, 주택의 대부분을 '사회주택'으로 바꾸는 노력은 왜 안 하는가. 모든 국민의 주거권 보장을 위해 적극적인 주거비 보조 제도를 왜

으로 1시간 이상 일한 자" 등이며, 실업자는 "조사 대상 주간에 수입 있는 일을 하지 않았고, 지난 4주간 일자리를 찾아 적극적으로 구직 활동을 했던 사람으로서 일자리가 주어지면 즉시 취업이 가능한 사람"으로 되어 있다.
실업률(%)=(실업자/경제활동인구)×100
청년실업률(%)=(15~29세 실업자/15~29세 경제활동인구)×100

도입하지 않는가. 이런 점들도 생각해봐야 하는 것 아닐까?

저출산의 한 가지 원인으로 많은 이가 들고 있는 것은 양육비 외에도 교육비가 많이 들어간다는 점이다. 그러나 여기서도 마찬가지이다. 사교육비, 높은 대학진학률, 이런 것도 문제라면 문제이지만, 대학 등록금은 왜 그렇게 비싼가 하는 점을 좀 따져봐야 하는 것 아닐까? 국내 대학의 80% 정도가 사립이고, 사립 대학의 등록금은 국공립 대학의 등록금보다 두 배 정도 비싸다. 정부는 왜 고등교육에 대한 책임을 지지 않는가. 고작 20%에 달하는 국공립 대학에 대해서도 왜 대학 운영비의 전액을 지원해주지 않고 절반 정도만 지원하고 마느냐 하는 것이다. 등록금을 받지 않는 유럽 나라들을 좀 본받으면 안 되나? 물론 정부 탓만 할 일은 아니다. 서울 강남 8학군의 아파트 값은 왜 그렇게 비싸졌을까? 자녀를 좋은 대학에 보내려고 대학입시를 준비하기에 여건이 좋은 그곳으로 이사 가려는 사람이 많아서 그렇게 된 것 아닌가?

3) 저출산·고령화의 관계와 문제

출산율 저하 현상은 사실 박정희 시대 때부터 시작되었고, 1990년대에 급속히 진행됐다. 그리고 IMF를 거치면서 출산율은 한층 더 내려갔고 2000년대에는 2명 미만으로 내려가 1명을 약간 넘는 세계 최저 수준을 기록하고 있다. '3포 현상'은 이런 저출산 현상을 더욱 가속화시킬 텐데, 한국의 커다란 걱정거리 중 하나이다.

'인구(人口)'란 한자로 '사람의 입'을 뜻한다. '인력'이라는 말에도 사람 인(人) 자가 들어간다. 인력이란 인간이 가지고 있는 '일할 수 있는 능력', 즉 노동능력, 노동력을 말한다는 점에서 인구와 반대되는 말이다. 인구란 생산된 것을 먹어치우는 소비를 의미하기 때문이다. 사람은 이런 양면성을 가지고 있지만, 양면이 다 필요하다. 먹고살아야 하기 때문이다. 그러나 저출산은 인구를 줄게 만들어 식량을 먹어치우는 입의 수가 줄어든다는 의미에서 좋은 일이라고 할 수 있지만, 식량을 생산하는 인력과 노동력의 수도 줄게 만드는 것이기 때문에 슬픈 일이기도 하다. 출산율이 줄어들어 인구가 줄어들면, '사회유기체'의 새로 생겨나는 세포 수가 줄어들고, 상대적으로 기성세대와 노인 인구의 비중이 커질 수밖에 없다. 전체 인구 가운데 65세 이상의 노인 인구 비중이 커져가는 현상, 그것을 전체 사회의 인구구조 면에서 '고령화'라고 한다. 그래서 저출산은 사회 전체의 고령화를 가속화시키는 요인이기도 하다. 둘 사이의 관계가 그렇기 때문에, 저출산·고령화라고 둘을 붙여 쓰는 것이 아닐까?•

• 한국에서는 전통적으로 60세가 '환갑'을 맞는 해였고 오래 산 것으로 여겨졌기 때문에 60세가 노인의 기점인 것으로 간주되어왔다. 본래 '늙은 사람'에 대한 절대적인 규정은 없으나, 국제적으로는 '65세 이상'이라는 법적 정의가 비스마르크 시대 때부터 생겨났다. 1890년대 비스마르크는 사회보장 제도를 만들면서 65세 이상의 독일 노인에게 복지 혜택을 주었으며, 그 후 이런 기준이 유럽 여러 나라에 영향을 주어 관례처럼 되었다. 미국에서도 1935년 루스벨트 대통령 시절 사회보장법을 제정할 때 유럽 관행에 따라 노인의 기준을 65세 이상으로 잡았다. 그 결과, 65세는 기업을 위시해 정부, 주정부에서 정년퇴직자 연금제도를 만들 때 노인의 기준으로 되었으며, 사회적 통념으로도 확장되었다. UN에서도 노인 혹은 고령자의 기준을 65세 이상으로 잡고 있

고령화는 늙어가는 것을 뜻하지만, 평균수명이 늘어나는 일이라서 개개인들로서는 좋은 일이기도 하다. 하지만 사회적으로 볼 때는 부양 문제를 일으키기도 한다. 더욱이 저출산 현상에 따라 먹을 것을 생산하는 인력과 노동능력, 생산가능인구의 수가 줄어들어가면, 노동능력을 상실해가는 고령층 자신이 먹고사는 문제뿐 아니라 가족적으로도, 사회적으로도 고령층에 대한 청·장년층의 부양 문제를 어렵게 만든다. 그래서 청장년층과 고령층 세대 간에는 이해와 관심이 엇갈리고 시시비비와 갈등이 벌어지기도 한다. 윤리적으로는 노인을 부양하는 것이 옳다고 하지만, 노인 학대는 그래서 발생할 수 있게 된다. 그래서 노인 부양은 하나의 사회문제가 되어 있다. 통계청의 고령자 통계(2014)에 의하면, 2014년 고령 인구는 총인구의 12.7%로 매년 증가하는 추세이고, 노년 부양비는 17.3명으로 생산가능인구(15~64세) 5.8명이 고령자 1명을 부양한다. 그러나 실질적인 부양비는 이보다 훨씬 더 높을 것이다. 왜냐하면, 생산가능인구 중에는 경제활동인구가 아닌 학생, 군인, 주부가 포함되어 있고, 이 경제활동인구 중에도 실업자를 뺀 실제의 경제활동인구가 고령자를 부양하는 것이기 때문이다. 여기에는 물론 비정규직 종사자와 같이 최저생계비를 버는 수준의 '일하는 빈곤층'이 매우 많다는 사실도 염두에 두어야 할 것이다.

다. 그래서 "65세 이상 노인이 전체 인구에서 차지하는 비율이 7% 이상인 사회를 '고령화사회(aging society)', 14% 이상인 사회를 '고령사회(aged society)'로 규정"하고 있다.

더욱이 한국 직장인은 평균 53~54세가 되면 퇴직을 한다. 기업에는 정년퇴직 제도, 즉 정년보장 제도가 대부분 없고, 60세를 넘어 정년퇴직하는 제도가 있는 직종은 공무원, 교사, 교수 등 일부에 불과하다. 미국 등 많은 나라에서는 60세를 넘어서 퇴직하는 것이 일반적인데 그에 비하면 한국에서는 너무 이른 시기에 직장을 나와야 하는 것이다. 그러면 어떻게 먹고살지? 가족은 어떻게, 누가 부양을 해야 하지? 그래서 적지 않은 퇴직자들이 식당이나 치맥 하우스 같은 쉬운 업종을 선택해 자영업체를 창업하곤 하지만, 역시 또 적지 않은 경우 사업에 실패하고 만다. 그래서 부양 부담이 가장 큰 장년층의 문제도 만만한 것이 아니며, 노후의 빈곤 문제와 자살 문제는 노인이 되기 10년 전쯤부터 씨앗이 뿌려지는 셈이라고 할 수 있다.

4) 가족의 축소와 해체 위기

'3포 현상'은 결혼 기피, 만혼, 저출산 현상으로 이어지고 '혼밥·혼술'족과 1인 가구의 증가로도 이어진다. 형제자매 수도 줄어들고, 부모와의 소원한 관계로도 이어진다. 가족의 규모와 숫자, 기능도 더욱 줄어든다. 이혼은 가족이 해체되는 것을 말하고, 사회적으로 이혼율의 증가는 흔히 가족해체의 징후, 즉 가족이 점점 없어져 가는 징후를 말한다고 할 수 있지만, '3포 현상'도 가족해체를 가속화시키는 결과를 초래한다고 할 수 있을 것이다.

가족의 중요성과 규모와 기능은 중세 신분제 사회에서 현대사회로 넘어오면서, 그리고 세월이 더 흐르면서 계속 축소되어왔다.

신분제 사회에서는 가족이 귀족과 평민, 천민 가족으로 나누어졌고, 어디서 태어나느냐에 따라 그 사람의 신분이 정해지고 거의 평생을 붙어 다니며, 일생을 좌우했다. 귀족에 속한 가족들은 신분을 세습했고, 친족을 포함하는 '가문'을 이루어 경우에 따라서는 '왕권'을 장악해 '왕족'이 되고 '왕조'를 이루기도 했다. 그러나 신분제도가 철폐되고 현대사회로 넘어온 이후, 가족은 그 중요성이 줄어들었고, 확대가족에서 핵가족으로 규모와 기능도 줄어들었다. 생산 기능은 거의 없어져갔고, 소비 기능을 하는 중심지가 되었다. 소비를 통해 가족은 사랑과 성적 욕구의 충족을 비롯해 자녀 출산, 양육, 사회화, 교육, 보호, 오락, 휴식처 기능 등을 맡아왔으나, 그 기능도 상당 부분 학교, 매스컴 등에 넘겨져 왔고, 여성의 사회 진출과 맞벌이 부부의 증가에 따라 가족의 기능은 더욱 축소되고 있다. 가족의 축소는 개개인에게는 물론, 사회적으로도 커다란 문제가 아닐 수 없다. 인력 재생산 기능의 축소는 특히 더 그러하다.

2. 사회문제의 결과와 대책

개인적인 문제도 마찬가지이지만, 사회문제는 사람들에게 불편과 고통을 가져다준다. 그리고 또 다른 문제를 파생시키기도 한다. 갈등이나 범죄, 자살 같은 것이 그 예인데, 이런 파생적인 문제는 이보다 먼저 생겨나고 겪게 된 문제에 대한 해결 방안으로 선택되는 것이기도 하다.

부모와 청소년 자녀 사이의 갈등은 흔히 교육 문제 때문에 발생하는데, 이것은 청소년의 가출이나 자살을 불러오기도 한다. 강제로 정리해고와 실직을 당한 성인 직장인은 홈리스가 된 경우도 있고, 가족과 함께 동반 자살한 경우도 있다. 거기에 불복하고 자본가, 경영자, 사용자에게 저항해 파업하거나 소송을 제기하는 노동자들도 있다. 그로 인한 기물 파손이나 폭력 행사는 범죄가 될 수 있다.

노인들은 왜 자살을 하고, 한국의 자살률은 노인층에서 더 높은데 왜 그렇게 높은 것인가. 여러 가지 문제 때문에 그 해결책으로 자살을 선택하는 것이고, 자살은 또 다시 문제가 된다. 이런 점에 비추어 볼 때 사회문제는 연쇄반응을 일으킨다고 할 수 있을 것이다.

1) 공식적·비공식적 대응과 해결 방안

사회문제는 큰 틀에서 볼 때, 사회의 공식적·비공식적인 대응과 해결 방안을 만들어낸다. 문제는 '어, 그거 참 문제인데? 어떡하지?' 하는 식의 '문제의식'을 형성하고, 문제를 해결하려는 노력을 이끌어낸다. 때로는 문제를 피해가려는 경우도 있지만, 어느 쪽이 더 많은지는 어떤 문제인지에 따라 '케이스 바이 케이스'일 것이다. 어쨌든 사회문제는 공식적으로는 국가와 정치의 영역과 차원에서, 비공식적으로는 시민사회의 영역과 차원에서 문제의식을 만들어내고, 거기에 대한 대응과 대응책도 만들어낸다.

'세월호 침몰 사건'이나 '최순실 사태'의 예를 통해 보기로 하자. 첫째, 시민들이 진상 규명을 요구해 집단행동을 벌이고, 둘째, 언론이 그에 관해 보도해 많은 이에게 여론으로 확산되고, 셋째, 국가를 구성하는 정부와 입법·사법 기관들(국회와 정당, 검찰과 경찰)이 조사를 벌이거나 대응책을 강구한다. 넷째, 공공 부문의 조사나 대응책이 미흡하다고 여기는 시민들이 더 세게 아우성치며 들고일어난다. 1987년 6월항쟁 때처럼, 아니면 그보다 더 많은 사람이 더 세게 아우성치며 들고일어날 수 있다. 세월호 진상 규명은 왜 아직까지도 안 되고 있으며, 최순실·박근혜 국정 농단 사건은 왜 진실이 밝혀지지 않고 있는가? 이 사건 역시 돌고 돌아 이어지며 탄핵, 헌법재판 등 연쇄반응을 일으키고 있다.

현대사회로 넘어오면서 세계적인 수준에서 발생한 가장 대표적인 사회문제는 이른바 '산업문제'라고 하는 것이다. 이는 실업문제, 노사 갈등 문제 등 자본주의 시장경제가 지닌 특성과 문제 때문에 발생하는 문제라고 할 수 있고, 매우 많은 결과와 변화를 낳았다. 산업 문제는 노동자의 결사와 집단행동, 노동운동, 노사 간의 분규를 초래했고, 국가는 이 문제들을 해결하기 위해 '노동관계법'을 만들고 그 일을 전담하는 노동부, 노동위원회 같은 기구를 만들어 대처했다. 산업혁명의 본거지였던 서양에서는 19세기부터 노동자들의 집단행동과 사회운동이 벌어졌는데, 그 대표적인 예가 러다이트운동, 차티스트운동, 각종 사회주의운동이었다. 독일을 통일한 비스마르크(Otto Eduard Leopold Bismarck)는 노동운동과 사회주의운동에 대응하기 위해 사고·질병·양로 보험, 정년제도 등의 복지제도를 도입해 무마하는 한편, 1878년에는 '사회주의금지법'을 만들어 10여 년간 유지했다. 노동운동과 사회주의운동은 사회민주당, 노동당, 사회당, 공산당과 같은 진보 정당을 만들어내기도 했고, 1917년 러시아에서는 혁명이 성공해 소비에트 공화국이 건설되었다. 1920년대 말 세계 경제공황이 발생한 이후, 미국에서는 프랭클린 루스벨트 대통령에 의해 다양한 복지제도가 만들어졌고, 제2차 세계대전을 거친 후, 유럽의 대다수 국가는 적극적으로 복지제도를 만들고 정책을 펴면서 복지국가 체제로 변화했다.

2) 집단행동과 사회운동

앞에서 본 것처럼, 사회문제와 그에 따른 문제의식의 형성은 여러 가지 공식적·비공식적 대응과 결과를 초래하는데, 비공식적 대응 방법과 결과로 흔히 생겨나는 것은 항의 시위, 폭동 등의 집단행동과 어떤 이슈를 끈질기게 지속적으로 문제 삼고 해결하려는 사회운동이다. 사회운동은 집단행동의 일종이지만, 보통의 집단행동과는 달리, 뚜렷한 목표하에 조직을 갖추고 지속적으로 벌이는 집단행동이라는 점에서 구별된다. 그래서 이성적이고 합리적인 성격의 집단행동이라고도 할 수 있다.

대부분의 사회문제는 사회운동을 불러일으켜왔다. 환경문제, 성차별문제, 정치적인 독재의 문제, 전쟁문제 등은 환경운동, 여성운동, 민주화운동, 반전·평화운동 등을 불러왔다. 그에 따라 공공부문의 대응책도 생겨났다. 대한민국 정부 조직에도 그 결과가 대부분 다 반영되어 있다. 환경영향평가법과 제도, 그리고 환경부가 생겨났는가 하면, 여성부, 통일부도 생겨났으며, 수십 년에 걸친 학생운동과 민주화운동을 통해 선거제도와 '집시법(집회와 시위에 관한 법률)', 헌법이 바뀌는 등 민주화가 이루어졌다. 이런 맥락에서 본다면, 사회문제는 사회운동을, 사회운동은 사회변화를 초래한다고 할 수 있고, 그래도 해결되지 않거나 새로 생겨나는 사회문제는 사회운동을 지속시키고, 새로운 사회운동을 불러일으키는 과정으로 이어진다고 할 수 있다.

사회문제는 또 국제적인 차원에서 발생하고 여러 나라 사람들 사이에서 국제적인 문제로 인식되어 국제적인 사회운동을 만들어내기도 한다. 그리고 다른 사회운동과 마찬가지로 그런 활동을 하는 조직을 만들어 낸다. 오늘날 NGO라고 불리는 조직 또는 단체가 바로 그것이다.

3) NGO의 이해

NGO(Non-Governmental Organizations)란 비정부 조직이라는 말의 약자인데, 본래 국제적인 문제를 해결하기 위해 자발적으로 결성되어 활동하는 국제 민간 조직 혹은 기구, 단체를 말한다. UN보다 먼저 생겼으나 1945년 전쟁을 예방하고 국가 간의 분쟁을 조정하는 등의 목적으로 국가 간의 연합, 즉 UN이 창설된 직후, UN의 파트너로 인정되면서 생긴 명칭이다. 국제적으로 인권·구호·원조 및 개발·환경보호 활동을 하는 단체들을 말하며 적십자, 옥스팜, 시에라 클럽, 앰네스티 인터내셔널, 그린피스, 국경없는 의사회, 월드비전, 굿네이버스 등이 있다.

한국에서는 1990년대 초반부터 국내에서 활동하는 시민(사회)운동 단체들을 가리키는 말로 쓰이기 시작했고, NGO를 주 활동 범위에 따라 국제 NGO, 국내 NGO, 지역 NGO로 나누어 부르기도 한다. 1990년을 넘어오면서 소련, 동유럽의 사회주의 국가들이 무너지자, 한국에는 1980년대에 치열하게 전개되었던 민족·민주·민중 운동들이 주춤거리고, 그 대신 새로운 성격의 운동과 운동 단체들이 우후죽순처럼 많이 생겨나 왕성한 활동을 펼쳤는데, 이 새로운 단체들을 어떤 이들은 '시민운동 단체', 어떤 이들은 '시민사회운동 단체'라 불렀다. 이 단체들은 과거 1980년대와 달리 합법적이고 평화적인 운동 방법을 썼으며, 대다수 언론의 지지를 받고, 새로 생겨난 민주 정부의 포용과 우대 정책에 힘입어 급속히 성장하고 영향력도 커져갔다.

이 단체들은 대부분 자신들이 하는 활동이 '공익'적인 성격을 띠는 일인 만큼, 정부가 재정 지원을 해주어야 한다고 요구했고, 정부는 1998년 '비영리 민간단체 지원법'을 만들어 공모 사업을 통해 사업비 명목으로 단체들을 지원했다. 이 법을 통해 지원 대상이 되는 민간단체는 어떤 단체들인지 규정되었고, 그에 따라 NGO의 의미가 좀 더 구체적으로 규정되었다. 영리 추구나 집단 이익을 도모하는 단체, 친목이나 선교를 목적으로 하는 단체는 배제되었다. 가장 중요한 기준은 영리 추구 등이 아닌 '공익'적인 목적으로 활동을 하는 '민간'단체, 즉 민간이 자발적으로 결성해 활동하는 단체라는 점이었다.

1990년대에는 이런 단체들의 활동이 활발하고 영향력도 크고 해서 'NGO의 시대'라는 말도 생겨났다. 그리고 이러한 활동과 영향력이 정점에 이른 것은 2000년 총선 시기에 전국 수천 개의 단체들이 참가해 벌인 '낙천·낙선운동' 시기였다. 국회의원 입후보자 중 시민(사회)단체가 선별, 발표한 부적격자들에 대해서는 정당들이 공천을 해주지 말라는 요구였고, 그럼에도 불구하고 공천을 하는 경우에는 그 후보들에 대해 낙선운동을 벌였다. 그러나 이를 계기로 NGO와 시민(사회)단체들에 대한 보수 정당과 언론, 경영자단체, 보수 사회단체들의 문제 제기와 비판이 강하게 일어났고, 이들의 지지도 급속히 줄어가는 한편, 보수적인 시민단체들이 만들어져 '맞불'이 가해졌다. 이렇게 해서 1990년대에는 광범위한 층의 지지를 받던 시민(사회)단체들이 2000년을 넘어가면서 '반쪽' 지지만 받게 되었을 뿐 아니라, 보수 시민단체들에게 직접적인 견제와 비판을 받게 되었다. 또, 2000년대로 넘어 와서는 인터넷, 이동통신이 더욱 발달하고 생활화되면서, 2006년 광우병 촛불시위에서와 같이 네티즌들의 문제제기와 주도, 자발적인 참여 현상이 생겨났고, 시민(사회)단체들의 영향력은 더욱 약화되어갔다.

심화 학습 자료 NGO를 둘러싼 쟁점들

사실 NGO가 정부가 원하는 활동을 하면서 재정 지원을 받는 데 대해서는 논란이 있어 왔다. NGO를 민간 자발적으로 생겨나 자율적으로 활동하는 단체로 이해한다면, 정부의 재정 지원을 받음으로써 자율성을 잃게 되는 측면이 있기 때문에 문제가 있다고 할 수 있다. 그래서 정부의 재정 지원을 받지 않는 단체도 일부 생겨났다. 그리고 시민(사회)단체들의 활동이 과연 '공익'적인 것인가, 도대체 '공익'이라는 것이 무엇인가, NGO는 어디서부터 어디까지라고 할 수 있는가, 정부가 정한 NGO의 기준은 합당한 것인가 하는 논란도 있다. 또한, 적지 않은 NGO 활동가들이 정치에 진출을 하거나 시도했기 때문에, NGO 활동가들의 정치 진출은 바람직한 것인가를 둘러싼 논란도 벌어졌다.

어느 학생이 질문했다. "교수님! 'NGO의 정치 참여는 바람직한가' 있잖아요, 거기서 저는 바람직하다 쪽의 의견입니다. 교수님이 말씀해주셨던 것처럼 NGO가 정치에 나가서 목소리를 높이고 법을 바꾸고 해야 사회가 변화하고 발전하지 않을까 생각합니다. 그런데 반대로 '정치 참여는 바람직하지 않다'는 의견은 잘 이해가 가지 않습니다. 어떤 이유에서 반대하는 것인가요? NGO는 공익을 추구하는 단체인데 정치에 참여한다는 것은 이에 반하는 것이라 그런 건가요? 정치적으로 나가서 공익을 실현할 수는 없는 건가요? 이때 공익이란 과연 있는 것인가에 대한 문제 제기가 나오는 건가요? 저는 이렇게 추측해봤는데, 맞는지 궁금합니다. 약간 헷갈리네요."

그에 대해 이렇게 답했다. "정치 참여와 공익성은 사실 따로 논해야 할 것 같다. 정치 참여에 반대하는 목소리는 NGO의 자율성이 줄어들고 정치권력에 대한 감시 역할을 하는 세력이 줄어들기 때문이다. 어떤 정당이나 이익집단들은 자신들의 주장이 공익을 위한 것이라고 주장하기도 하며, 공익을 실제로 추구하든 하지 않든 그것과는 별개로 권력을 남용한다든지, 부패를 일삼는다든지 하는 등의 문제는 NGO 같은 감시 기구가 별도로 필요하다는 점을 말해준다. NGO의 활동이 공익적인 것인가 하는 것도 사실은 좀 논란이 되어온 사안이다. 노동운동 외에도 여성운동, 심지어 환경운동도 실제로는 특수한 계층의 이익과 관심을 주로 대변하고 추구하는 것 아닌가 하는 논란이 그것이다."

4) 사회문제와 복지정책, 복지국가

그러면 이제 사회문제에 대한 공식적 대응이자 그것의 결과 중 하나인 복지정책과 복지국가 제도에 대해 짚어보기로 하자.

앞에서도 두어 차례 언급을 했지만, 자본주의 시장경제는 이런 저런 문제를 낳고, 비스마르크나 루스벨트의 예처럼 사회주의운동 이나 국가의 복지정책과 복지국가 체제도 그 산물이라고 할 수 있 다. 애덤 스미스가 주장한 것과 같은 자유주의 시장경제 원리에 충 실히 따른다면, 국가가 민간인의 자유로운 경제활동에 간섭하고 개 입할 필요는 없고, 개입해서도 안 된다. 그러나 시장경제 체제하에 서 발생하는 문제를 국가가 수수방관하고 시장 논리에 맡겨 둔다면, 여러 가지 사회문제가 연쇄적으로 일어나기 때문에 그렇게 해서도 곤란하다. 국가는 무엇 때문에 필요하고, 무엇 때문에 국민의 세금 을 강제로 걷어가는가 하는 이의 제기와 비판이 일어나기 때문이다.

바로 이런 이유로 현대의 국가는 대부분 '개입국가'로 변모했 다. 특히 먹고사는 문제, 경제와 노동문제에 개입을 많이 해오고 있 다. 그 대표적인 개입 정책으로는 주기적으로 오르락내리락하는 경 기순환을 둔화시키기 위한 일명 '역경기순환 정책'이다.

경기가 죽으면 경기 부양책과 경제 활성화 정책을 통해 살려내 고, 경기가 과열되면 경기 폭락으로 이어질 수 있기 때문에 경기를 진정시키는 정책을 편다. 경기가 악화되고 성장이 둔화되면, 일자 리가 줄어들고 실업문제가 발생하고 빈곤층이 생겨나고 늘어난다. 이렇게 되면 민심이 흉흉해지는 등 또 다른 문제가 연쇄적으로 생겨날 수 있다. 그래서 그런 문제를 해결하기 위해 국가가 또 개입하게 된다. 특히 빈곤층과 실업자에 대한 구제 대책이 강구되고 빈곤 대책, 실업 대책과 함께 빈부 격차 해소 정책, 양극화 해소 정책 등 같은 복지정책이 만들어진다. 이를 통해 현대의 국가는 복지국가 체제로 변하게 된 것이다.

그러나 1980년 무렵부터는 복지정책을 통한 국가 개입과 복지국가 체제를 비판하며 시장 기능에 맡기라고 하는 신자유주의 이념과 정책이 주요 선진국 사이에 도입되어 오늘에 이르고 있으며, 대한민국 정부들도 1990년대부터는 그런 정책을 받아들여 오늘에 이르고 있다.

6장

도마 위의 복지국가와 사회민주주의

2000년을 넘어서면서 국내에서는 복지국가와 사회민주주의가 '도마' 위에 올랐다. IMF 사태를 겪으면서 사회문제가 더 심각해지고, 많은 이들이 이를 문제로 인식하게 되었기 때문일 것이다. 사실 실업문제는 그 이전 시기에도 있었지만, 한국 경제가 고도성장을 이어오면서 심각한 문제가 되지는 않았다. IMF 사태로 1998년 대량 실업이 발생하자, 국내에서 최초로 실업문제가 사회적으로 문제가 되었다. 앞에서 얘기한 것처럼 사회문제는 문제를 해결하기 위한 대응을 불러온다. 정부와 정당 등 공식적인 차원에서, 그리고 다른 한편으로는 민간 차원에서 자발적으로 문제 해결을 위해 촛불을 들고 집단행동을 하기도 한다. 광우병 촛불, 세월호 촛불, 최순실·박근혜 촛불 등이 그 예이다.

IMF 사태 이후, 공식적인 차원에서는 김대중 정부의 실업 대책, 벤처기업 육성, 일자리 창출, 창업 지원 사업, 양극화 해소를 위한 대책 등이 추진되어왔으며, 복지제도의 확충 및 관련 예산의 증액 등이 이루어져왔으나, 신자유주의 정책도 본격적으로 도입되었다. 신자유주의 입장과 비슷하게, 박정희 시대 이래로 과거 한국 정부들은 '복지'는 경제성장을 저해하는 '악성 질환'이라고 비판해왔다. 수십 년 동안 특히 국정교과서를 통해 전 국민을 그렇게 획일적으로 교화시켜왔다. 독재를 하면서 성장 우선주의를 채택했기 때문이며, 분배와 복지는 성장을 저해하는 것이라는 비판을 하며, 노동을 탄압하고 기업을 도왔다.

그런데, 김대중 정부는 '병 주고 약 주듯이' 한편으론 부실 금융기관과 기업을 퇴출시키고 노동자를 정리해고하게 해 실업자를 양산시키면서, 다른 한편으로는 실업과 그에 따른 문제의 해결을 위한 대책으로 복지제도를 확충하고 예산을 증액했다. 『2014 보건복지 통계 연보』(보건복지부, 2014)에 따르면, GDP 대비 사회복지비 지출(공공 부문, 법정 민간 부문)은 1990~1996년 사이에 3%대에 머물러 있었으나 1997년에는 4.3%로 오르고, 1998년부터 2002년까지는 6%대를 오르내렸다. 노무현 정부하에서는 그 비중이 더 늘어나 2006년과 2008년에는 8%를 넘어섰고, 이명박 정부 시절에는 그것이 더 크게 늘어나 2009년부터는 10%를 넘어섰다. 이처럼 사회복지비 지출 비중이 계속 커져온 것은 사회복지의 확대라 할 수 있으나, 그럼에도 불구하고 실업문제와 빈부 격차 심화와 양극화의 문제, 저출산과 부양 부담의 증가 문제가 해소되지 않고 계속 유지 또는 심화되는 이유는 또 무엇이겠는가. 1차적으로는 사회복지의 양적, 질적 부족, 국가 복지정책의 실패나 한계, 즉 국가가 신자유주의 논리나 자본 논리에 거스르는 수준의 정책을 펴지 않았거나 펴지 못했기 때문이 아닐까?

어쨌든, 김대중 정부의 그런 양면적인 정책이 계기가 되어 2000년을 넘어선 직후부터 일단의 학자들은 '한국이 이제는 복지국가가 되고 있는 것인지, 아닌지, 복지국가로 가고 있다면 어떤 유형의 복지국가로 갈 것인지'를 놓고 토론을 벌였다. 이와 함께 학계와 일반인들 사이에서도 스웨덴을 비롯한 사회민주주의 나라와 복지국가에 대한 관심과 지지가 늘어났다.* 2000년에 창당한 민주노동당은 사회민주주의를 놓고 '당 정체성 확립을 위한 대토론회'를 벌였고, 2010년에도 또 한 차례 학술 대토론회를 열었다. 2010년 교육감 선거와 지방선거에서는 '학교 무상 급식'이 공약으로 제기되어 전 국민적으로 논란과 토론이 이어졌으며, '보편주의 복지인가, 선별주의 복지인가' 하는 이슈는 2012년 대통령 선거 국면에 이르기까지 여야 정치권 사이에서, 그리고 문재인, 박근혜 대선 후보 사이에서 커다란 쟁점이 되었다. 그리고 이러한 정치권의 논쟁을 통해 박근혜 정부의 '맞춤형 복지' 콘셉트도 만들어졌다.

• 2004년 ≪한겨레신문≫이 리서치플러스에 의뢰해 전국의 성인남녀 1000명을 대상으로 실시한 여론조사 결과, 응답자들은 우리나라가 '경제적·물질적으로 풍요로운 사회'(20.8%)가 되는 것보다는 '사회복지가 잘 갖춰진 사회'(78.4%)가 되는 것이 바람직하다고 답했으며, '미국식 자유민주주의'(39.2%)보다 '북유럽식 사회민주주의'(44.8%)로 나아가야 바람직하다고 답했다. ≪한겨레신문≫, 2004년 5월 16일 자.

1. 복지국가와 사회민주주의의 이해

1) 복지란 무엇이고 복지국가란 무엇인가

복지라는 말은 소극적인 의미에서 '안전하게 잘 사는 것'이라 정의할 수 있고, 약간 적극적인 의미에서는 '행복하게 잘 사는 것'이라 정의할 수 있을 것이다. '안전'이라는 것은 대외적으로는 전쟁으로부터의 안전을 뜻하기도 하고, 대내적으로는 각종의 질병, 재난, 실업 등 고통과 불행으로부터의 안전을 뜻하기도 한다. 이것이 '사회적 안전', 영어로 'social security'라 하기도 하고, '사회보장', 즉 '사회적 안전의 보장'이라 하기도 하는 복지의 첫 번째 뜻이다.

복지라는 말은 2차 세계대전 중 영국의 수상 처칠이 만들어낸 것이라고 한다. 신광영 교수(중앙대 사회학과)의 말을 들어보자.

신광영: 2차 대전 당시 전쟁 와중에 비버리지의 보고서가 만들어졌는데요, 그때 처칠이 영국의 수상으로 있었죠. 왜 그럼 전시에 영국에서 정치인들이 복지를 고민했을까요? 그때의 복지는 결국 '영국은 좋은 나라다'라는 것을 보여주기 위한 거였죠. 독일은 전쟁을 일으키는 'war-fair' 국가이고, 영국은 'well-fair' 국가라는 거죠. 그래서 사실은 'well-fair'라는 말이 그때 만들어졌습니다. '독일은 국민을 전쟁으로 모는 국가고, 영국은 국민을 안전하게 보호하고 인간다운 삶을 보장해주는, 이런 좋은 국가다', 그래서 '젊은이들이여, 나가서 싸우면서 조국을 지켜라, 지킬 만한 가치

가 있는 국가, well-fair-state'라는 용어가 등장한 거죠. 그래서 그 당시에는 복지가 외부의 위협에서 국민을 보호하는 것을 뜻하기도 했는데, 이제는 내부의 다양한 위협, 삶의 위협에서 국민을 보호해주는, 그래서 실업이라든가, 빈곤이라든가, 질병이라든가, 어떤 산업 재해로 발생하는 부상으로 인해 일을 못 한다든가, 노령으로 인해서…….

유팔무: 아하, 그래서 미국에서는 사회보장을 'social security'라고 그러는 거군요? 그런데 이게 정말 재미있는 게, 북한에서는 '사회안전부'라고 하면 정보기관을 말하잖아요? 사회안전, 'security', 안보, 즉 안전보장이라는 게 뭐 전혀 별개의 것이 아니군요?*

위의 대담에서는 복지가 무엇인지 간접적으로 설명하고 있으며, 그 뜻을 구성하는 요소들이 등장하고 있다. 'war-fare'를 '전쟁 상태'라고 본다면, 'well-fare'는 '좋은 상태'라고 할 수 있는데, '전쟁 없이 평화롭게 잘 사는 상태'라고 의미를 풀이할 수 있을 것이다. 안전보장이라는 말은 대외적으로 전쟁의 위험으로부터 국민의 안전을 보장하는 것이다. 이를 국가 내부에 적용하면, '사회보장'이다. 즉, 국가를 포함하는 사회 전체가 질병, 재난, 실업 등으로부터 국민 개개인의 안전을 보장한다는 뜻이다. 여기서부터 '사회적 안전망의 구

---

* 신광영 교수와의 대담, '복지국가를 둘러싼 쟁점들', "금요대담: 복지와 사회" 중에서.

축'이라는 말도 파생되었다.

그렇다면 복지국가란 무엇이라고 정의할 수 있을까. 전문가들은 일반적으로 '국민의 복지를 적극적으로 책임지는 국가'라고들 말한다.

그러나 그렇다고 하더라도 좀 추상적이지 않은가? '적극적으로 책임진다'는 것은 좀 더 구체적으로 무엇을 말하는 것인가 하는 의문이 든다. 신광영 교수는 한 가지 지표를 제시한다. GDP에서 사회복지비 지출이 차지하는 비중이 OECD 평균 수준인 20%는 넘어야 복지국가라고 할 수 있다는 것이다. 그렇다면 한국은 그 비중이 10% 안팎이기 때문에 복지국가라고 할 수 없다. 그러나 이것은 양적인 면에서 그런 것이고, 사실은 질적인 면에서도, 그러니까 제도적인 측면에서도 좀 따져봐야 하지 않을까?

전체 사회에서 복지문제를 해결하는 방식으로 요스타 에스핑-안데르센(Gøsta Esping-Andersen)이 말하듯 시장 중심, 사회보험 중심, 국가 중심 세 가지가 있다고 할 때, 시장 중심으로 복지문제를 해결한다는 것은 개개인과 가족이 능력에 따라 해결하는 것이기 때문에 국가는 복지문제를 방치하거나 소극적으로, 최소한으로만 책임진다고 할 수 있다. 사회보험은 국가가 법을 만들어 개인에게 강제로 보험을 들게 하는 제도로서 국가는 주로 관리만 하고, 보험료 납부는 개인과 가족, 고용주가 분담하며, 보험 혜택은 개인과 가족에게 돌아가게 하는 것이기 때문에, 시장 중심보다 낫기는 하지만 과연 그것이 국가가 국민의 복지를 적극적으로 책임지는 것이라고 할 수 있을지 의문이다. 그렇게 본다면 국가 중심으로 복지문제를 해결하는

유팔무 엮음, 『식탁 위의 복지국가』
(한울, 2013)

경우만 복지국가라고 할 수 있을 것이다.

그러나 2000년대부터 2010년대에 이르기까지 학계에서 이루어진 복지국가 논의를 보면, 한국은 '미흡하기는 하지만, 복지국가'라거나 '복지국가로 진입'했다는 견해가 대세를 이루고 있다. 이러한 논의는 김연명의 『한국 복지국가성격논쟁 1』, 정무권의 『한국복지국가성격논쟁 2』, 김윤태의 『한국복지국가의 전망』, 유팔무 등의 『식탁 위의 복지국가』 등에 담겨 있는데, 책 제목부터 한국이 복지국가라는 인상을 강하게 풍긴다.•

교수들은 "우리나라가 보수주의적 성격과 자유주의적 성격을 같이 가지고 있는 복지국가이기는 한데, 김대중 정부의 '생산적 복지' 정책을 통해 자유주의적 성격이 더 강화되어 갈 것"이라거나, "김대중 정부가 국가복지를 강화하고 보편주의복지를 확대함으로써 복지국가로의 전진을 이루어내고 있다"라고 하는가 하면, 어떤 교수는 "보수적 조합주의적 체제에서 좀 더 근대화된 보수적 조합주의체제로 나아가고 있다"라고 하기도 했다. 김윤태 교수는 "한국

• 김연명, 『한국 복지국가성격논쟁 1』(인간과 복지, 2002); 정무권, 『한국복지국가성격논쟁 2』(인간과 복지, 2009); 김윤태, 『한국복지국가의 전망』(한울, 2010); 유팔무 외, 『식탁 위의 복지국가』(한울, 2013).

에서는 이미 복지국가가 태동했다는 평가가 대세를 이룬다"라고 말했으며, 조흥식 교수는 한국도 "1998년부터 복지국가의 반열에 어느 정도 들어섰다"라고 했다. 윤도현 교수, 김인춘 교수는 한국이 '최소한의 복지국가', '작은 복지국가'라고 했다. 이처럼 한국은 복지국가가 아니라는 견해는 흔하지 않다. 그러나 앞서 언급한 신광영 교수 외에도 사회탐구 과목의 인터넷 명강사 최진기 씨는 '청년 복지국가가 진짜 복지국가'라고 하면서 한국이 복지국가가 아니라고 했다.•

학계의 논의는 1990년 덴마크의 사회학자 에스핑-안데르센이 편 '복지국가체제의 세 가지 유형'론••의 막대한 영향을 받아 진행되었고, 그래서 좀 혼란스러운 점이 생겨난 것으로 보인다. 에스핑-안데르센은 복지국가 '체제' 또는 '복지자본주의 체제'를 세 가지 유형으로 나누었는데, 그 자신도 분명하게 하지 않아 '복지체제'가 아니라 '복지국가'의 유형을 나눈 것으로 오해될 소지를 남겼고, 경우에 따라서는 오해를 하기도 했다.

• "사회민주주의 금요대담", 최진기 편. https://www.youtube.com/watch?v=q-lcSFde3ho
•• 에스핑 안데르센, 『복지자본주의의 세 가지 세계』, 박형신·정헌주·이종선 옮김(일신사, 2006)을 참조하기 바란다.

2) 에스핑-안데르센의 복지국가체제 유형론

에스핑-안데르센은 복지체제를 세 가지 유형으로 나누었는데, 첫째는 복지문제를 주로 개인의 능력에 따라 복지 상품을 구매해 해결하고, 국가는 복지가 절실히 필요한 빈곤층, 노인층 등 취약 계층을 '선별'해 최소한의 복지 비용과 서비스를 제공하는 시스템, 이름하여 '자유주의 복지국가체제' 유형으로서 미국, 캐나다, 호주, 그리고 1980년대 이후의 영국을 대표적인 사례로 꼽았다. 둘째는 사회보험 중심의 '조합주의 복지국가체제' 유형으로서 국가가 사회보험 제도를 만들어 개인(주로 가장)과 기업 경영주에게 보험료 및 보조금을 내게 강제하고, 국가는 관리만 하거나 일부를 보조하는 역할 분담 시스템이다. 그래서 노사정위원회처럼 '3자 조합주의'라는 것이고, 그 기원이 체제 유지를 위한 비스마르크의 보수적 동기에 있기 때문에, 보수주의적 유형이라고도 불렀다. 그 대표적인 사례로는 독일, 오스트리아, 프랑스, 이탈리아를 꼽았다. 세 번째 유형은 '사회민주주의 복지체제'로서 덴마크를 포함해 스웨덴, 핀란드, 노르웨이, 아이슬란드 등 북유럽 5개국이 그렇듯이 '조세를 재정적 기반으로 한 보편적 복지제도'가 사회복지문제 해결의 중심이 되는 경우를 말한다.

이 세 가지 '복지체제'의 유형 분류에서 핵심적인 기준이 되는 것은 복지문제를 누가 주로 책임지는가 하는 점인데, 복지국가체제, 혹은 복지체제, 혹은 복지자본주의체제를 '복지국가'로 이해 또는 오해하는 경우에는, 미국이 자유주의형 '복지국가'이기 때문에, 미국도, 일본도, 한국도, 스웨덴도, 독일도 유형은 다르겠지만 모두 다 자동적으로 복지국가가 되어버리고 만다. 복지국가가 질적인 면과 제도적인 면에서 '적극적으로 국민들의 복지를 책임지는 국가'라고 한다면, 자유주의나 보수주의적 조합주의 제도와 체제하에서는 국가가 복지를 적극적으로 책임지는 것이 아니라고 할 수 있기 때문에, 그러한 국가는 복지국가가 아니고, 북유럽형만 복지국가라고 할 수 있다. 아니면 조합주의는 '약한 복지국가'라고 할 수도 있다.

그러면 에스핑-안데르센은 왜 진정한 복지국가, 제대로 된 복지국가, 북유럽형 보편주의 복지국가를 하필이면 '사회민주주의형'이라고 이름 붙였는가. 복지국가가 사회민주주의와 같다는 것인가? 그리고 복지국가를 하려면 북유럽형 사회민주주의적 복지국가로 가야 한다는 주장을 하는 것인가?

3) 사회민주주의와 복지국가는 같은 것인가

사회민주주의에는 여러 형태가 있고 북유럽형 복지국가는 그중 하나에 속할 것이다. 독일은 보수주의 복지국가 혹은 체제이면서 사회민주주의 체제가 아닌가? 물론 비스마르크가 사회민주주의운동과 세력을 탄압하고 무마하기 위해 복지국가 체제를 만들었고, 국가가 복지를 떠맡지 않고 민간에게 복지를 떠맡기는 사회보험 중심의 조합주의 복지국가 체제를 만들어서, 한국에서 박정희 체제가 그렇듯이, 오늘날까지 독일이 비스마르크형 복지국가의 원형을 유지하고 있기 때문에, 에스핑-안데르센은 그런 시스템을 사회민주주의적이라고 인정하기 싫었을지도 모른다. 그러나 복지국가와 사회민주주의는 개념적으로, 그리고 실질적으로도 별개의 것이다. 즉, 북유럽만 사회민주주의가 아니라는 것이다.

흔히 복지국가는 '소득재분배 체제'라고도 하지만, 사회주의와 사회민주주의는 분배 문제를 소유 및 생산 체제 개혁을 통해 해결하려 했다. 소유와 경제 제도 면에서 보면, 마르크스의 사회주의가 '생산수단의 사적 소유와 시장을 폐지한, 국유에 기초한 사회적·계획적 생산 체제'인 반면, 사회민주주의는 '생산수단의 사적 소유와 시장을 인정하면서 사유, 협동조합 공유, 국유 등 혼합적 소유 형태에 기초한 민주적 생산·경영 체제'를 말한다.• 이런 의미에서 사회민주주의는 순수한 마르크스식 사회주의와 다른, 수정 사회주의라 할 수 있고, 자본주의를 사회주의와 절충, 혼합하는 수정 자본주의이자 중간적인 혼합경제체제라 할 수 있다. '생산수단과 기간산업의 국유화' 등 이러한 개혁 정책은 20세기 사회민주주의에서 거의 지속적으로 후퇴해왔지만, 그래도 사회민주주의가 복지국가와 같은 것은 아니다. 복지국가에는 특히 소유 관련 사회주의 개념과 민주주의 개념이 들어 있지 않기 때문이다.

• 카를손·린드그렌(Gosta Ingvar Carlsson & Anne-Marie Christina Lindgren), 『사회민주주의란 무엇인가』, 윤도현 옮김(논형, 2009)를 참조하기 바란다.

2. 사회민주주의의 뜻과 유럽에서의 긴 역사*

1) 사회민주주의란 무엇이고, 어떻게 볼 것인가

사회민주주의는 대체적으로 세 가지 차원에서 이해될 수 있을 것이다. '정치 이념'(정책과 전략, 전술 포함)의 차원, 이를 추구하는 '세력'(정치적 신봉자와 조직 및 지지자)의 차원, 이것이 실현되고 사회에 제도화되었을 때의 '사회체제'의 차원이 그것이다. 첫째, 정치 이념이란 사회주의라는 이상, 즉 '집단적·민주적 생산, 분배, 소비의 경제 시스템'을 민주주의를 통해 실현하려는 믿음이다. 둘째, 세력이란 사회민주주의 이념을 추구하고 지지하는 사람, 집단, 정당, 그리고 이들의 영향력과 힘의 합을 가리킨다. 셋째, 체제란 사회민주주의 이념이 국가적 차원에서 법과 정책으로 제도화된 것으로서 적극적인 국가 개입을 통한 시장경제의 조절과 통제, 사회적 불평등과 불균형을 해소하기 위해 소득재분배 정책 및 사회보장 제도를 실시하는 등의 경제·복지 시스템이라고 할 수 있다.

2) 유럽 사회민주주의의 역사

사회민주주의의 역사는 자본주의적 공업화 및 경제성장의 과정

---

* 민주노동당 창당 10주년 기념 학회. https://www.youtube.com/wat ch?v= rWwBWKyO-28

과 긴밀한 함수관계를 지니며 부침해왔다. 사회민주주의가 도입되고 맹아를 형성하게 된 시기는 19세기 후반 유럽에 공업화가 한창이던 때, 그래서 '산업문제'가 첨예하게 전면화되고 노동운동이 본격화되던 시기였다. 이를 통해 자본주의의 문제가 표면화하고 이와 함께 각종 '체제 대안'과 방법이 모색되고 제기되는 가운데 대안의 하나로 사회민주주의의 맹아를 형성했던 것이며, 노동자의 저항적 힘을 기반으로 삼는 계기도 거기서 주어졌다.

20세기로 넘어와 두 차례의 세계대전을 거치는 동안, 사회민주주의 노선은 유럽 사회주의운동의 주축을 이루어왔던 독일 사회민주당(베른슈타인의 수정주의 제안과 이를 둘러싼 당내 논쟁과 승리)에 의해 정립되어갔고, 1917년 러시아 사회주의 혁명의 성공과 사회민주주의 노선에 대한 비판, 그에 뒤이은 공산주의 또는 국제사회주의 연대 전략의 헤게모니는 사회주의 종주국이었던 유럽의 비판과 반발을 초래했다. 이는 다시 사회민주주의 노선의 공고화 및 국제 연대를 초래했으며, 1951년 사회주의 인터내셔널의 결성과 독일 프랑크푸르트에서 채택된 선언문은 그 결산이자 20세기 사회민주주의의 이념적 좌표가 되었다.•

• 다음의 선언문 구절은 20세기 사회민주주의의 입장과 정신을 잘 드러내 보이고 있다. "공산주의가 사회주의의 전통을 계승하고 있다는 것은 거짓이다. 사실 공산주의는 사회주의의 전통을 알아볼 수 없을 만큼 왜곡시켜버렸다. …… 사회주의자는 자유로운 가운데 민주주의적인 수단에 의해 새로운 사회를 건설하고자 한다. 자유 없는 사회주의란 있을 수 없다. 사회주의는 민주주의를 통해서만 실현될 수 있으며, 민주주의는 사회주의를 통해서만 충분히

그 후, 유럽의 사회민주주의는 1970년대 초반까지 20여 년간 소위 '황금기'를 맞이했다. 미국의 전후 복구 및 경제원조 정책에 힘입은 '라인 강의 기적' 등 장기간에 걸친 경제성장은 노동자계급의 성장과 저항을 초래하는 한편, 1930년대 초 세계 경제위기의 교훈은 국가의 경제 개입 필요성에 대한 인식의 확산, 사회민주주의 붐과 지지층의 성장, 자본가계급의 양보와 타협적 자세를 불러와 자본과 노동 사이의 계급 타협에 의한 이른바 노사정 코포라티즘(corporatism) 체제를 성립하게 만들었고, 노동자계급의 정치 진출과 사회민주당, 노동당, 사회당 계열의 중도좌파 정당들의 약진과 집권을 낳았다.

이 시기 유럽의 사회민주주의는 프랑크푸르트 선언의 정신에 부합한 민주적 참여에 의한 집권과 개혁의 노선을 취했다. 여기서 사회민주주의가 취한 민주적 수단은 크게 두 가지였다. 하나는 각종 선거에 참여해 정치적으로 세를 확대하고 집권해서 사회 개혁 정책을 추진·실현하는 것이었고, 다른 하나는 참여민주주의의 한 형태로 노동자의 경영 참가에 의한 공동결정제도를 도입·추진·운영·확산하는 것이었다.

그러다가 1970년대 후반 '고도 자본주의 성장의 위기', '만성 실업난', '복지국가 재정 위기' 등을 겪으면서 사회민주주의 복지국가의 한계에 대한 문제 제기와 비판이 일어났다. 그에 따른 '일부' 지지층의 이반 현상은 1970년대 말 미국을 시발점으로 한 신자유주의

실현된다."〔양호민, 『사회민주주의』(종로서적, 1985)에서 재인용〕.

이념과 정책, 세력을 형성시켰고 영국을 비롯한 유럽 각국에 도입되어 정착되기 시작했다. 그 전환점은 미국의 레이건 정권의 탄생과 함께 1979년 영국의 마거릿 대처(Margaret Thatcher)의 등장과 집권이었다. 그리고 1980년대 초반부터 1990년대 중반에 이르기까지 약 15년 동안에는 유럽에 신자유주의의 강력한 헤게모니가 형성되어 유지되었다. 이로써 그사이 유럽의 사회민주주의는 특히 선거에서 참패와 후퇴를 거듭해 1994년 무렵에는 정당 지지 및 득표 면에서 최저점을 기록하게 되었다. 유럽 주요 국가의 사회민주주의 계열 정당들은 스페인 한 곳 외에는 모든 나라에서 실권하기에 이르렀다.[*]

유럽의 사회민주주의 세력은 잃어버린 정권을 탈환하고 이른바 '잃어버린 10년'을 되찾기 위해, 1990년대 중반에 이르러서는 집권 전략의 일환으로 신자유주의 정책을 부분적으로 수용하며 '제3의 길'로 후퇴, 우경화했다. 그 결과, 사회민주주의 계열의 정당들은 대대적인 성공을 거두었다. 2000년 무렵 15개 유럽연합 회원국의 사회민주주의 계열 정당들 중 11개 정당이 집권했다. 그러나 다시 정치적 지지를 상실하고 후퇴해 2008년에는 단지 4개의 정당만이 집권하는 상태로 갔다. 2009년 유럽의회 선거에서는 사회민주주의 계열의 정당은 유럽 각국의 유권자로부터 (선거 참가율을 감안할 때) 실질적으로는 평균 10% 수준의 지지밖에 받지 못했다.[**]

---

[*]   유팔무, 2010, 「유럽 사회민주주의 모델의 성과와 한계, 그리고 시사점」, 민주노동당 창당 10주년 학술대토론회 발표 논문을 참조하기 바란다.

[**] 같은 글을 참조하기 바란다.

3. 북유럽형 사회민주주의 복지국가, 한국에서 가능한가

2008년 진보신당, 최근 정의당의 당원 상대 여론조사에 따르면, 각각 당원의 절반가량이 북유럽형 사회민주주주의 복지국가를 지지하는 것으로 알려졌다. 2010년 무상 급식 논란 이후, 민주통합당은 북유럽형 보편주의 복지국가를 추구할 것을 당론과 당헌으로 정하기도 했다. 그러나 사실 반대 여론도 만만치 않을 것으로 보인다. 학교 무상 급식이 논란이 됐을 때도 반대 여론이 적지 않았다. 복지는 소비적이라는 전통적인 비판도 이어지고 있으며, 복지 재원마련을 위한 증세에 대한 반대도 만만치 않다.

1) 북유럽 모델인가, 독일 모델인가

북유럽 모델이 필요하고 바람직하다고 보는 경우에도 그것이 한국에 적합하고 실현 가능하겠느냐고 했을 때는 사실은 회의적인 경우가 많다. 북유럽 복지국가들이 성립할 수 있었던 역사적인 배경과 조건, 높은 조직율과 강력한 영향력을 행사하는 노동조합, 튼튼한 사회민주당과 정치 세력, 그들에 대한 시민사회의 강력한 지지, 보수 세력과의 타협을 통한 복지 연합 체제 구축 등이 한국에는 결여되어 있거나 취약하기 때문이다. 그래서 한국의 '복지체제', 좀 더 정확하게는 자본주의 시장경제 복지 체제는 시장과 사회보험 중심이기 때문에 사회보험 중심의 독일형에 가깝고, 과거에 형성된 구조와 시스템의 강력한 영향력과 관성 때문에 국가 복지 중심의 북유럽 모델로 전환해간다는 것은 매우 어렵다. 따라서 독일 모델로 향해 가는 것이 더 수월하지 않겠는가 하는 한림대 김영범 교수의 지적도 나온다. 하기는 아무리 역대 정부가 신자유주의 정책으로 부분적인 전환을 했다고 하더라도 박정희 체제, 무역 중심, 재벌 중심 경제성장 체제의 골간이 계속 유지되고 있듯이, 그런 지적은 어느 정도 설득력이 있다고 할 수 있다.

그렇지만 독일형 사회민주주의 복지 체제로 가는 것이 과연 가능한지에 대해서도 좀 따져보아야 할 것이다. 노동조합 가입률이나 영향력, 타협적인 자세, 거기에 대한 국민들의 지지, 자본가 쪽의 비타협적인 태도, 사회민주주의에 대한 국가와 정치인들의 경계심과 소극성, 국가와 정치에 대한 시민, 특히 청년층의 불신, 이와 연동된 조세 저항 심리 등을 고려해본다면, 그래서 독일과 같은 노사공동결정제도, 사장의 선임이나 구조조정 등 기업 내의 중요한 의사 결정을 노사 대표가 동수로 참여해 민주적으로 하는 '경제민주주의' 또는 '산업민주주의' 제도가 없는 점 등을 고려해본다면, 그 답은 대충 나온다. 10년 이내에 가능할지 매우 의문스럽다.

그래서 '결론은 버킹검!'이라는 옛날의 광고 카피처럼, 결론은 '선진 복지국가 모델들의 장점을 참조하면서 실현 가능한 한국적 복지국가 모델을 '창조'하고, 점진적, 단계적으로 그 미래를 향해 매진하는 수밖에 없다'는 쪽으로 나오게 된다. 이를 위해서는 물론 여러 가지 복지국가가 어떤 역사적인 과정과 조건에서 그런 형태의 복지국가로 가게 되었는지를 탐구해 귀감으로 삼을 필요가 있을 것이다. 복지국가는 허공에서 저절로 만들어진 것이 아니라 각 나라 역사의 산물이며, 사회적인 갈등과 타협의 역사와 전통을 배경으로 하고 있기 때문이다.

2) 한국형 사회민주주의 복지국가를 위한 과제와 숙제

한국이 복지국가 체제로 가기 위해 필요한 것 중 하나는 중·장기 전략과 단기 전략을 나누어 이를 추진하는 일이다. 중·장기적 전략 구상에서 가장 많이 고려해야 할 사항은 사회문제의 진원지에 해당하는 신자유주의와 자본주의 경제체제를 적극적으로 개혁하고 수정해나가야 한다는 점이다. 경제체제를 사회민주적인 방향으로, 공공성과 민주성을 갖는 형태로 개혁해가야 한다는 것이다.

이를 위해서는 노사공동결정제도의 도입과 노사정위원회의 정상화가 과제이다. 이것은 시장에 대한 개입과 조정, 통제가 노동자 경영 참가와 노사 합의를 통해 민주적으로 이루어지는 경제민주주의 시스템으로서 사회민주주의 체제의 중요한 구성 요소라 할 수 있다. 그러나 한국에서는 경영 측도, 노동 측도, 국가 측도 모두 경제민주주의를 할 준비가 되어 있지 않고, 김영삼 정부와 김대중 정부 이래 오늘날까지 노사정위원회의 경험과 역사를 보면, 단기간 내에 이루어지기 어려운 과제이다. 따라서 중장기적인 전망 속에서 노동 측이 적극적으로 경영 참가에 나서고 국가 측과 경영 측은 노동 측을 경제 운영의 파트너로 인정해가야 하며, 이 점에서는 독일이나 스웨덴에게서 배울 점이 많다.

'복지에는 돈이 많이 든다'는 말처럼, 경제가 잘 돌아가야 복지도 지속 가능하다. 노인 복지보다는 유아 복지, 청소년 복지, 청년 복지에 비중이 더 가해져야 연금 재정이 고갈되지 않고, 노인 부양도 지속할 수 있는 지속 가능한 복지 시스템이 된다. 그래서 복지가 경제와 선순환하는 '복지 자본주의 체제'로 나아가야 하고, 복지에 대해 시장이나 가족과 기업보다 국가가 더 큰 책임과 부담을 지는 복지 체제로 향해가는 제도 개혁이 필요하다. 이 또한 중·장기적인 과제가 아닐 수 없다. 이런 맥락에서, 경제와 복지의 선순환이 잘되는 나라들의 사례 연구를 통해 중·장기 경제 복지 개혁 모델을 수립하는 일은 물론이고, 이에 부합하는 국가 복지 중심의 복지제도 개혁과 복지 재정 확대를 위한 증세와 조세제도 개혁이 또 필요하다.

증세를 위한 방안으로는 준조세라 불리는 건강보험료를 인상하자는 방안까지 포함해 소득세 인상 및 누진율 강화 방안, 자산 소득세 인상 방안, 기업 법인세 인상 방안, 재산 보유세 인상 방안, 간접세·소비세 인상 방안, 사회복지세 신설 방안, 모든 세금을 골고루 인상하는 보편적 증세 방안 등이 제시되고 있다. 이를 위해서는 증세와 조세개혁의 필요성에 대해 시민사회와 국가 및 제도 정치권을 설득하고 압박을 가하는 '복지 정치'도 필요하고, 복지국가 만들기 운동도 필요할 것이다.•

• 유팔무, 「21세기 한국사회 재생산의 위기와 복지국가 대안 논의」, ≪경제와 사회≫, 106호(2015)를 참조하기 바란다.

유튜브에서 검색해서 대담 동영상을 시청하고 토론해보자.

1. 윤도현 교수 – 박근혜 정부 복지 정책의 한계

   www.youtube.com/watch?v=DKC2bRmc8UE

2. 신광영 교수 – 스웨덴 모델의 변화

   www.youtube.com/watch?v=io4orNGv6xo

3. 정승일 박사 – 경제민주화의 방향

   www.youtube.com/watch?v=UDqL4UBcoik

4. 정세은 교수 – 복지재정을 위한 세수 확대 방안

   www.youtube.com/watch?v=_n8II5vlOPg

5. 임운택 교수 – 독일의 경제모델에서 배울 점

   www.youtube.com/watch?v=wv9vgEZsqDU

6. 나병균 교수 – 프랑스 복지국가의 특징

   www.youtube.com/watch?v=gbZApNWoDe4

7. 김영범 교수 – 핀란드의 경제와 복지국가

   www.youtube.com/watch?v=ORg2nMeOI74

8. 김재훈 교수 – 한국 경제의 대안은 사회민주주의

   www.youtube.com/watch?v=G48Xl1ZMcCE

9. 최진기 대표 – 청년 복지국가가 진짜 복지국가

   www.youtube.com/watch?v=q-lcSFde3ho

---

* 협동조합 사회민주주의연구 주최.

"청년 복지국가가 진짜 복지국가, 지속 가능 복지국가다"

대담은 미국의 이야기로 시작한다. 미국은 '메디케어D'라는 제도를 통해 노인들의 투표권을 사로잡았지만 막대한 복지 지출을 감당해야 했다. 물론 정치적으로 좋은 전략이고 잘 쓰였다고 볼 수도 있다. 하지만 왠지 모르게 동영상을 보며 고등학생 때 같은 반 친구가 우리나라에서 병원에 가장 많이 방문한 사람이 할머니인데 400번이 넘게 병원에 갔다면서 "일 년이 365일인데 하루에 몇 번이나 갔다는 게 말이 되냐, 내가 낸 세금으로 병원 진료 다니는 거잖아!"라며 분통을 터뜨렸던 생각이 났다. 자연스럽게 과잉 진료의 단적인 예가 떠오른 것이다. 의료비용이 무료인 것만 해도 파격적인데 약값까지 무료라니, 그 복지비용을 감수했다는 것이 놀라웠다. 노인들의 천국이라고 생각했던 스페인이 이제는 반면교사로 삼아야 할 사례가 되었다. 통계적으로 '취업률이 낮아졌지만 정규직 비율이 높아졌다'는 결과는 '비정규직 청년들이 모두 해고됐다'는 것을 의미하는데, 통계를 분석하고 해석할 필요성을 알 수 있었다.

대담에서는 미국과 스페인 사례와 반대로 스웨덴과 캐나다를 청년 복지국가로 꼽았다. 첫 번째 이유로는 스웨덴의 의료보험, 연금 비용이 낮아서이다. 비슷한 맥락에서 캐나다 역시 기타 지출이 높은데 사회적 약자와 차상위계층에게 복지가 잘되어 있다. 특히 미국과 캐나다는 GDP 대비 사회복지 비중이 같지만 다른 정책을 시행하고 있었는데, 캐나다는 의료보험을 민간이 아닌 국가에서 주관하니, 사람을 경영의 대상이 아닌 치료의 대상으로 바라볼 수 있게 되고 예방에 초점을 맞추는 진정한 의미의 의료 복지를 실현하는 구조로 나아간다. 이 대목은 다소 충격적이었다. 의료 복지라는 명목에서 오히려 사람을 예방이 아닌 치료에 집중하는 상황이 벌어지는 것이다. 그리고 실제로 예산이 그렇게 쓰이고 있다. 같은 수치로도 다른 정책을 꾸려가는 것을 보며 정책과 효율성의 중요성을 느꼈다. 사회를 구조적으로 바라보면 여러 가지 문제점들의 원인과 대안을 생각할 수 있게 된다. 정치적인 안건들, 국가와 정책의 중요성을, 관심이 필요함을 깨닫게 되었다.

수업 시간에 다뤘던, 발표했던 내용과 비슷한 쟁점에 대해서 대담을 나누시며 답을 해주시는데 '청년 복지국가는 지속 가능한, 진짜 노인 복지국가이며 생산적인 복지국가이다'라는 주장이 이해가 되었다. 주장에 대한 근거가 분명하고 이상적인 복지 체제에 대한 목적의식이 분명하셨다.

최진기 선배님은 대담 중간에 진지하게 학문적으로 파고드는 사람들도 있지만 그렇지 않은 관심을 가진 대중이 있을 수 있으니 그들에게 접근하기 쉽게 이야기해주고 싶다는 말을 하셨다. 나는 그 목적에 정확히 부합하는 사람으로서 대담을 들었을 때 굉장히 명쾌하고 유익했다. 또한 교수님의 간략한 요약과 질문을 들으며 '이런 관점에서는 이렇게 비판할 수 있구나'하고 생각했고 그에 대한 답변을 대담에서 바로 들어 더욱 좋았다.

대담을 들으면서 유럽의 복지 서비스보다 더 부러웠던 건 국가 제도에 대한 구성원들의 신뢰였다. '사회안전망'을 언급하시며 오히려 서민보다 중산층에게 복지가 필요하다는 주장을 하셨는데, '세금만 잘 내면 국가에서 삶의 기본 요소를 충족해주고 노후를 보장해준다는 믿음이 우리에게도 있다면 얼마나 좋을까. 그렇다면 다른 국가들을 부러워하며 이민 가고 싶어 하기보다 기꺼이 세금을 더 부담하면서 아이들도 낳을 텐데' 하는 생각이 든다. 아직까지는 한국의 복지가 질적인, 양적인 측면에서 모두 부족하지만 앞으로 우리나라가 배워야 할 점들을 잘 수용하는 청년 복지국가가 이뤄져 정치적으로나 경제적으로나 나라가 살아났으면 좋겠다는 마음이 간절해진다.

한림대 사회학과 전주연 학생

사회학 교수 생활의 사회학

내가 대학교수가 된 배경 요인은 여러 가지가 있겠지만, 대학 3학년 시절, 그러니까 1972년 10월유신이 한창이던 시절에 생겨난 동기가 결정적이었던 것 같다.

사회학과에 들어갔지만, 1, 2학년 시절에는 사회학 공부를 거의 하지 않으면서 '대학은 뭐 때문에 다니지?', '나는 뭐 때문에 살지?' 같은 생각을 하며 인생론 철학책이나 문학 전집을 읽고, 음악을 듣고, 통기타를 치며 지냈다. 그러다가 그런 것에서도 의미를 찾을 수 없어 3학년 1학기 때쯤 학교를 안 나가기 시작했다. 그리고 그냥 빈둥거리기는 뭐해서 아버지 포목점 일을 돕다가 그것도 의미가 없다고 생각해 다음 학기에 복학했다. 사회학과에 들어왔으니 이제 사회학 공부를 하자고 마음먹고 본격적으로 처음 사회학 공부를 시작했다. 그런데 10월유신이 터져 몇 주 만에 휴교령이 내려졌고, 혼자 조용히 사색하니 사는 것이 정말 허무하고 의미 없게 느껴졌다. 죽어버릴까도 고민했으나 그대로 죽는 것도 역시 의미 없다는 생각이 들었다. 그렇다면 죽었다고 생각하고 마음을 비워 '보편적인 이익을 위해 세상을 바꾸는 일을 하면, 의미 있고 보람 있는 삶이 되지 않겠는가'라는 결론을 내리고, 이를 위해 막연히 학자가 되기로 결심했다. '이런 몹쓸 세상이 어떻게 생겨난 것인지를 깊이 있게 알아야 세상을 바꿀 수 있지 않겠는가' 뭐 이런 비슷한 생각을 했다. 돌이켜보면, 당시의 이런 동기가 그 후 나의 수십 년간의 삶을 이끌어온 기관차 역할을 했던 것 같다. 아직도 그런 생각이 별로 바뀌지 않았기 때문이다. 역시 '동기'는 중요하다.*

그러나 나는 대학 졸업을 앞두고 학자로 사는 것에 회의가 일었다. '그거 평생을 수도승처럼 살아야 하는 것이 아닐까? 자신 없어! 기왕에 사회학자가 되려면 책이 아니라 직접 사회 현실을 보고 체험해야 하는 것 아니야? 신문기자가 되자. 기왕 군대를 면제받았으니까 3년 6개월만 공익을 위해 봉사하고, 그때 가서 기자를 계속할지 학자의 길을 갈지 진로를 다시 결정하자.' 그래서 한 학기를 남겨두고 매스컴론을 수강하고, 언론사 취업 대비 시사 상식 책 등을 사서 공부한 후, 졸업 후 중앙일보 기자로 취직해 다행히 '사회부' 기자를 할 수 있게 되었다. 그리고 3년 6개월 뒤 여차여차한 생각에 기자를 그만두고 다시 공부를 시작했고, 지금까지 계속하고 있다.

그런데 석·박사 과정을 마치고, 대학에 취직해 한 20여 년 교수 생활을 하다 보니, '학자는 수도승처럼 살아야 한다'는 옛날의 내 인식이 매우 관념적이고 비현실적이었다는 것을 알게 되었다. 왜냐하면 공부를 하기 위해서는 먹고사는 문제부터 해결해야 하니 말이다. 이런 생각은 유학 생활을 하면서 절실해졌다. 그리고 자연스럽게,

---

* 영어로 'motive'는 움직이게 만드는 것, 바로 동기이다. 이와 유사한 용어들도 대개 비슷한 의미를 가지고 있다. 'move!'(움직여!), 'motor'(엔진; 움직이게 하는 것), 'mobile'(이동하는), 'loco-motive'(기관차) 등이 그렇다. 따라서 '공부해라, 공부해라' 아무리 얘기해도 소용없다. 공부하고 싶은 동기를 만들어주면 스스로 알아서 공부하는 쪽으로 움직이기 때문이다.

나는 체험을 통해 유물론자가 되었다.

1990년대 초 내가 한림대에 취직해 한창 젊은 교수였을 때의 이야기이다. 한림대 사회학과 졸업반 학생들과 취업 문제로 간담회를 하는 자리에서 어느 여학생이 "지방, 사립대, 여학생은 취업에서 세 가지 중첩된 어려움을 겪고 있다"라며, 다소 흥분된 어조로 한 말, 그것이 두고두고 생각난다. "나는 대학교수는 (신성한 존재라서) 화장실에도 안 가는 줄 알았다. 그래서 취업 문제를 상의하러 못 찾아갔는데…… 정말 분하고 억울하다." 아, 교수도 인간인데……. 나는 학교에서 화장실에 갈 때, 가끔씩 그 여학생의 말을 떠올리곤 한다. 그렇지만, 분명한 것 하나는 학문을 하려면, '금수저'를 물고 태어나든지, 부자이거나 돈벌이 잘하는 배우자가 내가 놀고먹으며 공부만 하는 것을 뒷바라지해주든지, 아니면 연구원이나 대학교수가 되어 생계를 꾸리든지 해야 한다는 사실이다. 한국의 초창기 대학교수들이 왜 대개 돈 많은 지주의 아드님이었는지도 한번 생각해볼 일이다.

7장

나는 어떡하다 사회학 교수가 되었나

1. 나는 어떡하다 서울대 사회학과에 들어갔나

나는 한국전쟁 와중에 피난 간 부산의 어느 연탄 공장에서 출생했다고 한다. "어머니 왜 나를 낳으셨나요?"라고 어느 날 어머니께 물어보니, "영도다리 밑에서 주워 왔다"라고 답을 하시어 나는 한참 동안 그걸 곧이곧대로 믿고 살았다. 아, 그런데 나중에 알고 보니 그 것도 유행어의 하나였다. 어머니 다리 밑에서 나왔다는 얘기였다.

아버지는 우연히(?) 적산불하를 받은 사람이었다. 서울공대의 전신인 경성공업전문학교 섬유공학과를 나와 일제시대에 방직공장에서 일을 했는데, 해방이 되면서 일본인 공장주가 아버지에게 공장을 물려주고 갔다고 들었다. 그런데 내가 중학교 때인지 고등학교 때인지, 아버지는 어느 여름철, 마루에 배를 깔고 어떤 책들을 열독하셨다. '공산주의 이론과 현실 비판 전서? 도대체 공산주의라는 것이 뭐지?' 아마도 그런 궁금증에서였을 것이다. 나중에 대학에 다닐 때, 청계천 8가의 헌책방을 돌아다니다 그 책을 발견하게 되었는데, 양호민 선생이 쓴 책이었다. 양 선생은 후에 한림대 교수가 되어 한 30년 쯤 뒤인 2000년대 초 한림대 식당에서 만나 교수 대 교수로 식사를 하게 되었는데, 그때 그 책 얘기를 나눌 수 있었다. 그러자 양호민 선생은 그 책이 사회민주주의 입장에서 공산주의를 비판한 것이라고 설명해주었다. 나는 곧바로 그 맥락을 이해할 수 있었다. 2000년 무렵부터 나는 사회민주주의 연구와 활동을 했고, 그사이 양 교수의 『사회민주주의』(종로서적, 1985)라는 책을 읽어 보았다. 거기서 사회민주주의가 공산주의와 다르고, 20세기 들어와 서로 비판하며 다른 길을 걸었다는 사실도 알게 되었고, 그 내용이 정확한 것 같아 종종 인용하기도 했기 때문이다.

어쨌든, 아버지께서 왜 그런 책들을 보셨는지 한참 뒤에 들은 얘기는 이렇다. 일본인에게 공장을 물려받아 기술자인 자신이 공장장이 되니 6·25 한국전쟁 때 북한 사람들에게 부르주아로 몰리는 신세가 되었다는 것이다. 전쟁 후 다시 서울에 돌아와 자신이 가진 기술을 이용해 가족을 먹여 살리려고 섬유 공학을 응용하셨는데, 과거사가 찜찜해서였는지 그런 이념 서적을 열독하셨던 것이다. 내가 고등학교 때 아버지는 마침내 사업에 성공해 100평 정도 땅을 사고 2층집을 지으셨다. 과거의 경험 때문에, 폭격을 맞아도 쓰러지지 않을 철근 콘크리트로 집을 지으시고, 비상시에 숨을 지하 미로와 벙커도 만드셨다. 그리고 우리 형에게는 의사가 되라고 권하셨다. 전쟁이 나고, 내란이 일어나도 '안전'하기 때문이라는 것이었다. 실제로 우리 형은 죽기 살기로 공부해서 의대에 들어가 의사가 되었고 지금도 의사이다.

그러나 나는 어쩌다 보니 그 반대에 가까운 길을 가게 되었다. 이데올로기와 마르크스를 공부하고 유물론자가 되었고, 마르크스의 혁명 이론이 한국 사회에는 잘 안 맞는다고 판단해 그보다 낮은 수준의 사회민주주의를 주장하게 되었기 때문이다. 사회주의적 이상을 추구하되 민주주의의 절차와 내용을 함께 가져가는 그런 정치 이념, 그리고 서유럽에서처럼 무너지지 않고 잘 버티는 그런 실현 가능성을 가지고 있는 '주의'! 그러나 한국에서 이런 이념을 실현하는 데에는 특히 남북 간의 분단 상황이 가로놓여 있어 어렵기는 하다.

한국전쟁이 끝난 후 우리 가족은 빈털터리가 되어 '한 많은 미아리고개' 옆 성북구 동선동 구옥에 세 들어 살았다. 오늘날은 그 근처에 점집이 많이 있다. 초등학교는 1957~1958년경 돈암국민학교를 다녔고, 그 후에는 서울대학교 사범대학 부속 중·고교를 다녔다, 1970년에 서울대 사회학과에 들어갔고, 졸업 후에는 중앙일보 기자 생활을 하다 대학원도 서울대 사회학과를 다녔다. 대학원 시절에는 '알바' 차원에서 한국교육개발원에 취직해 다녔고, 초·중·고 사회문화 교과서를 편집하고 제작하는 일을 했다. 이런 맥락에서 나는 '서울대 맨'이라고도 할 수 있다.

하지만 나는 1990년대 중반 서울대가 법인화를 추진할 때 우후죽순으로 생겨나 벌떼처럼 서울대를 공격한 서울대 폐교론, 해체론 등에 동참했다. 나는 대학입시 위주 교육의 병폐, 사교육 열풍, 그로 인한 대학 교육의 황폐화 등에 문제의식이 강했고 그래서 좀 색다른 주장을 했다. '프랑스 파리의 대학들처럼, 서울지역에 있는 대학들의 명칭을 서울 1대학, 2대학, 3대학 등으로 바꾸자', '독일 등 유럽의 많은 나라처럼 대학입시 제도를 없애고, 고등학교 졸업시험을 통과한 학생에게는 대학 입학 자격을 주고, 어느 대학이나 입학 정원의 범위 내에서 다 들어갈 수 있게 하자', '대학을 평준화하고, 등록금도 받지 말고, 대학까지 무상교육을 해야 한다. 고등교육까지 국가와 지방자치단체가 재정적으로 책임을 다해야 한다'는 등의 주장이었다. 이런 생각은 조금 거칠기는 하지만, 지금까지도 변하지 않았다.

그러나 나 자신도 사실은 어머니의 배려(?)로 초등학교 시절, 그러니까 5학년 때쯤 담임선생 집에 가서 방에 밥상을 놓고 일대일 과외를 받았다. 6학년 때는 저녁 시간에 학원을 다녔다. 그 후, 고등학교에 가서 2학년 2학기 늦가을부터는 자발적으로 친구들과 영어 학원을 다녔는데 모의고사를 보니 석차가 뚝 떨어져서였다. 소문을 듣고 보니, 학내에 몰래 과외 그룹이 생겨 학부모들이 잘 가르치는 과목 교사들을 모아 자녀들을 과외시킨 덕에, 그 학생들이 상위권 석차를 차지했다는 것이었다. 그러나 단과학원을 다녀본들 별 소용은 없었다. 그러다가 3학년 초, 어머니께서 대성학원에서 현역 고3 학생을 모집한다는 신문광고를 보시고 나에게 권유하셔서 대성학원 현역반을 다녔다. 그러면서 성적이 쑥쑥 올라갔다. 아마도 내가 서울대에 재수도 안 하고 합격할 수 있었던 결정적인 이유는 바로 그 때문이었을 것이다. 지금도 사교육이 심하지만, 그때는 더했을지도 모른다. 그러나 교육열과 치맛바람, 교사의 '촌지' 요구 등은 이미 그 이전 해방 직후 시기부터 시작되었고 심각한 수준이었다.*

그런데 고등학교 3학년 2학기, 대입시험을 두어 달 앞둔 가을철, 나는 갑자기 회의에 빠지고 방황했던 적이 있다. 당시 유행어로 '슬럼프'에 빠졌던 것이다. '내가 왜 대학에 가야 하지?' 요즘에는 대학 진학률이 80%를 오르내릴 정도로 '묻지마 대학 진학 풍조'가 더 심해졌지만, 당시에도 능력 있는 부모이건, 능력이 좀 부족한 부모이건 간에 '사람대접을 받으려면 대학을 가야 해', '좀 더 높은 지위를 획득하려면 대학은 가야 해' 이런 생각을 많이 했다. 당시에 대학은 '학문의 전당'이라 불렸고, '우골탑(소뼈를 쌓아 만들어진 탑)'이라는 별칭도 유행했다. 농촌에서 자녀를 서울로 대학 보내려고 중요한 생산도구이자 생계 수단이던 소를 팔아 유학 비용을 댄 경우가 많아서 나온 풍자이다. 나는 왜 대학에 가야 하는지에 대한 답을 찾지 못했다. 그래서 3주인가 고민하다가 '일단 대학에 가기로 했으니까 가

---

* 이러한 사실은 당시의 신문 보도에서 알 수 있다. "경기도내 각 남·녀 중학교 입학시험은 불과 20여 일을 앞두고 박두했는데 지원 학교에 제출하는 내신서를 싸고서 학부형과 담임선생 사이에 불미한 행동이 많아 신성한 교육계에 이맛살을 찌푸리게 하고 있다. 즉, 내신서를 실력 이상으로 잘 만들기 위하야 학교 선생을 요리집 또는 환락장으로 불러내어 향응을 하는 부형이 간혹 있다"(≪독립신보≫, 1946년 6월 18일 자); "각 국민학교에서는 오는 중등학교 입학시험을 앞두고 6학년 재학생들에게 과격한 수험 준비 교육을 실시하고 있어서 그 지나친 부담에 가냘픈 동심이 압박을 받을 뿐 아니라 학교에 따라서는 교재 등 사비 등으로 학부형에게 매월 300~400원씩 부담시키고 혹은 각 가정에서 연료를 가져오게 하는 등 폐단이 적지 않으므로 문교부 중등교육과에서는 폐단 많은 수험 준비 교육을 전폐시키도록 방침을 결정"(≪한성일보≫, 1947년 4월 6일 자).

고 보자. 이 문제는 대학에 가서 답을 찾자'고 잠정 결론을 내렸다. 그 후 대학에 가서도 그 답은 찾지 못했다.

그러고는 어느 학과에 가야할지를 정해야 했다. 우리는 2학년 때 문과, 이과를 갈랐고, 나는 별 생각 없이 문과를 선택했기 때문에 문과 중에서 전공을 골라야 했다. 당시에는 법대와 상대(경영학과)의 인기가 좋았지만, 공부가 지겨운데 법대에 가서 육법전서를 달달 외우는 건 싫었고, 상대는 돈 버는 것을 공부하는 데라는 생각이 들어 싫었다. 가장 관심을 많이 끈 전공은 철학과 심리학이었는데, 내가 남의 심리를 잘 읽는 것 같아서 적성은 맞을 것 같았지만 나를 상대하는 사람들이 나를 기피할 것 같아 그만두기로 했다.

돌이켜보면, 내가 철학에 관심이 많이 갔던 데에는 고등학교 때 사회 선생님의 영향도 있었던 것 같다. 김성진 선생(후에 성신대학 교수)께서는 철학자 같은 풍모를 갖추고, 수업을 하며 종종 껄껄 웃으시곤 했는데, 수업할 때 하시던 얘기들〔문이 요만큼 열려 있으면 문이 열린 것인가, 닫혀 있는 것인가? 겨울에는 어떨까? 여름에는 어떨까? 물이 반 컵만 차 있다면 물이 많은 것인가, 적은 것인가? 상황에 따라, 계절에 따라 답이 달라지지 않을까? (칠판에 줄을 수평으로 쫘악 그으시면서) 시간은 어느 쪽에서 어느 쪽으로 흘러가지?〕이 내게 철학의 기풍을 알려준 것 같다.

그래서 아버지에게 철학과에 가겠다고 허락을 받으려고 하니, 아버지는 "그거 춥고 배고픈 학문인데?"라고 하셨다. 그래서 인문·사회 분야에서 대안을 찾아보았으나 대개 마음에 들지 않았고, 결국 사회학이라는 정체불명의 학문을 발견하곤, '이거다!'라는 생각에 거기에 가겠다고 했다. 그랬더니 아버지는 "아니, 그것도 철학인데?"라고 하시면서 또 말리시는 것이었다. 그래서 친척 중에 고려대 사회학과에 다니는 분이 있어 만나보고 결정하기로 했고, 데모를 많이 하는 학과라는 등의 얘기를 들었지만 호기심이 더 커져 사회학과에 가기로 결정했다. 담임선생을 만나 입학원서를 작성하는데, 그분은 "니가? 니가 사회학과를 가겠다고?"라고 하시면서 고개를 갸우뚱하다 써주셨다. 그것은 고교시절 나의 이미지가 사회의식이라고는 한 개도 없는, 그저 천진난만한 까불이, 개구쟁이 같았기 때문이었을 것이다.

2. 1970년대 대학 시절의 상황과 새로운 학풍의 영향

나는 서울대에 우수한 성적으로 입학했다. 무슨 일인지는 몰라도 1970년에는 사회학과 경쟁률도 높았다. 내 기억에 서울대는 경쟁률이 8점 몇 대 1, 고려대는 18점 몇 대 1이었던 것 같다. 그리고 서울대 사회학과의 커트라인은 커트라인이 제일 높았던 법대 법학과와 같았다. 당시 사회학과에서는 스무 명을 뽑았고 다섯 명이 삼수생, 열 명이 재수생, 다섯 명이 현역이었는데, 나는 현역에 끼었다. 우리는 스스로를 '70 사회학'이라고 부르면서 종종 모임을 갖곤했는데, 나는 자주 참석을 하지는 않는 편이었다. 근 몇 년 사이에는 바뀌었지만.

그런데 흥미로운 것은 그 스무 명, 편입생 한 명을 포함하면 스물한 명 중에 대학교수를 한 사람이 일곱 명이나 된다는 점이다. 그

일곱 명은 박재묵(충남대 사회학과), 박노영(충남대 사회학과), 권순일(신라대 경영학과), 배규한(국민대 사회학과), 양영진(동국대 사회학과), 류시연(편입생, UCLA 사회복지학과), 유팔무(한림대 사회학과)이다. 그리고 장관이 두 명, 편입생까지 합치면 세 명, 장관급이 한 명 나왔다. 김영주(산업자원부 장관), 장태평(농수산식품부 장관), 이상희(국방부 장관), 김숙(국정원 1차장, 유엔대사)이 그들이다. '군대사회학'이라는 분야도 있지만, 사회학과에서 국방장관이 배출된 연유는 당시 육군사관학교에서 서울대학교로 위탁 교육생 세 명을 보냈는데, 모두가 사회학과를 지망해 편입생으로 들어왔기 때문이다(그들이 왜 사회학과를 지망했는지, 궁금하기 짝이 없는 일인데 다음에 만나면 물어봐야겠다). 그리고 언론계로 진출한 친구들도 나를 포함해 여러 명 있었으나, 끝까지 남은 친구는 MBC 기자 엄기영(9시 뉴스 앵커, 사장), KBS 기자 오광균(방송위원) 두 사람이다.

행정고시를 준비한 친구들은 몇 명 더 있었을 텐데, 사실상 몰래 준비했다. 당시에는 국가권력을 상대로 거의 매일 데모를 하는 판이라 그 밑에 공무원으로 들어간다는 것은 내세울 만한 일이 아니었기 때문이다. 그러나 그로부터 20여 년 뒤, 1990년대 말에 가서, 특히 IMF 사태 직후부터는, 판세가 뒤집혀 공무원이 '신의 직장'으로 선호된 것은 우리 모두가 아는 일이다. 공무원을 선호하는 것은 직업 안정성이 높아서인데, 놀라운 것은 서울대 학생도 사범대 학생이건 사회학과, 경제학과 학생이건 많은 학생이 공무원 시험 준비를 해왔다는 점이다. 근래에는 일반 행정직의 경쟁률이 높아져 경찰공무원, 소방공무원 쪽으로도 진출 범위가 확대되고 있다는 점 역시 많은 이가 알고 있는 추세이다.

1970년대 대학가의 화두는 '청년문화'와 '비판'이었다. 유럽과 미국에서 '68혁명'이라고 불리는 저항운동이 일어나고 그 여파로 새로운 학풍이 생겨나고 마르크스주의가 부활했다. 그들의 화두는 '기성세대 물러가라'였고, 기성세대 비판, 실증주의 비판, 과학기술 문명 비판, 산업사회 비판이었다. 사상적·이론적으로는 독일의 '프랑크푸르트 학파'가 막대한 영향을 끼치며 시대를 풍미했다. 이 학파는 자본주의와 공산주의를 다 비판했는데, 두 체제가 모두 테크노크라트, 즉 기술관료들이 지배한다는 점에서 똑같은 체제이며 '실증주의 이데올로기'가 배후에서 그러한 체제를 유지하는 역할을 하고 있다고 비판했다. 그리고 유럽은 자본가계급과 노동자계급이 손잡고 한 편이 되어 체제를 굴리고 있으니, 새로운 비판과 해방의 주체가 필요하다며 지식인, 학생을 운동 주체로 내세웠다.

한국에서는 1970년대 초 유신정국하에서 한완상 교수 등 새로 박사학위를 받고 귀국한 신임 교수들이 바로 이런 프랑크푸르트 학파의 비판적 경향을 앞장서서 도입해 바람을 일으켰다. 기성세대의 권위주의와 군사독재 정권의 공포정치에 대한 불만과 우울함으로 가득했던 대학생들에게 그것은 신선한 충격이었다. 한완상 교수는 내가 3학년 때 서울대 사회학과 교수로 오셨는데, 교회 일을 보셔서 그런지, 달변 중의 달변이었고, 영향력이 막대했다. 신임 교수들은 헤겔, 청년 마르크스, 프로이트를 가르쳤고, 지식사회학이라는 새로운 사회학 분야를 도입하고 소개했으며, 청년 학생들과 지식인 사회를 자극하고 커다란 영향을 끼쳤다. 이 무렵에 공부한 나를 포함한 여러 사회학과 선후배는 그러한 영향 속에서 지식사회학, 이데올로기 분야를 공부해 박사가 되고 교수된 경우가 많다. 강원대 전태국 교수(독일 프랑크푸르트대 박사), 서울 시립대 이병혁 교수(프랑스 사회과학고등연구원 박사), 서울대 송호근 교수(미국 하버드대 박사) 같은 사람들이 그 대표적인 예이다.

나 또한 그 원조 격의 인물인 마르크스를 공부하러 독일로 유학을 가서 '이데올로기와 계급 관계'라는 주제로 박사학위를 받았다. 내용은 마르크스와 마르크스주의에서의 논의가 중심이었다. 이데올로기에 관심을 많이 가진 이유는 세 가지였다. 첫째, 지식사회학에서는 '이데올로기' 문제를 다루었고, 둘째, 한국 사회의 현실에서는 군사독재 혹은 권위주의와 서양에서 유입된 민주주의가 치열한 대립을 벌였고, 셋째, 남북한 사이의 분단과 대립도 모두 공산주의와 반공주의 및 자유민주주의 사이의 치열한 대립이었기 때문이다. "도대체 이놈의 '이데올로기'란 게 뭐지? 왜 거기에 목을 매어 죽기 살기로 서로 싸우지?" 이런 것이 나의 주된 궁금증이었다. 이런 점을 돌이켜보면, '나 역시 시대의 제물이었구나' 하는 생각이 든다.

3. 중앙일보 기자 생활에서 느낀 것과 얻은 것

대학을 졸업한 후 내가 신문사 중에서도 하필이면 중앙일보에 들어가게 된 것은 1974년 당시에는 조선일보, 동아일보가 야당지로서 명성을 떨치고 있었지만, 경영이 어려워 신입사원을 3년째 뽑지 않았고, 삼성 창업주인 이병철 씨가 삼성그룹을 향한 동아일보의 공격에 대해 그 방패막이로 중앙매스컴을 만들어, 기자 지망생들에게 일자리를 제공했기 때문이다. '오케이! 호랑이를 잡으려면 호랑이 굴에 들어가야 한다고 했겠다? 재벌에 대해서도 좀 알 수 있지 않겠어? 책으로만 알던 사회, 그걸 현장에서 압축적으로 볼 수 있는 길, 그리고 밑바닥 인생을 아는 길, 시궁창에 들어가봐야 세상을 제대로 알 수 있는 것 아니야?' 뭐 이런 기분으로 입사했다.

입사를 하고 보니 '서울대 동창회' 같았다. 이 사람도 서울대 출신, 저 사람도 서울대 출신, 대부분 문리과대학 선배들이었다. 사회부 차장 이돈형 씨는 서울대 사회학과 출신이었다. 그런데 그는 또 경기고 출신이었고, 경기고 출신도 꽤 많은 모양이었다. 이돈형 사회부 차장(후에 부장)은 새벽부터 경찰서와 병원을, 그리고 오전에는 대학교와 사건 현장을 돌아보며 취재하고 기사를 송고하고 5시경 회사에 출근하던 외근 기자들에게 소금 등심구이와 소주를 거의 매일 사주면서 격려를 해주었다. 그러던 어느 날 "어이, SS 대원!" 하면서 나를 부르는 것이었다. '어? 무슨 말이지?' 하고 의아했으나 알고 보니 이건희 씨가 서울사대부고를 나온 나의 고교 선배이고, 삼성그룹의 창업자인 이병철 씨가 그의 아들 이건희 씨를 삼성그룹 후계자로 키우기 위해 한국에 데려와 고등학교를 다니게 한 후, 그 동기생과 후배의 학맥을 삼성그룹과 중앙매스컴(신문, 방송, 잡지)의 요소요소에 심어두었다는 것이다. 그래서 나도 그중 한 명이라는 것인데 그 후 가만히 살펴보니 중앙일보에는 의외로 사대부고 출신이 많았고, 이건희 씨 동기생들이 여기저기 장 자리를 맡고 있었다. 홍

사덕 씨(전 국회의원)는 빠른 속도로 기자에서 논설위원으로 승진했는데, 실력이 있어서였겠지만 그 역시 이건희 씨의 동기생이었다. 추석 같은 명절에는 누가 와서 백설표 설탕, 미풍 조미료 등이 든 선물세트 교환권을 주고 가곤 했다. 그만큼 학맥을 적극 활용한 것이다. 그 통에 나도 덕을 좀 봤을 것으로 짐작한다. 내가 기자가 적성에 맞았거나 기자 생활에 의의가 있다고 생각해 계속 남아 외교적으로 처신했더라면, 기자로서 충분히 성장할 수 있었을 것이다.

기자 생활을 하면서 나는 엄청난 경험을 했다. 밑바닥 인생들과 사건·사고 등 사회 현실을 직접 보고 체험할 수 있었고, 그것들을 짧은 시간에 기사로 요약정리하고 가장 가까운 전화기를 찾아 달려가 전화기를 한 쪽 귀와 목에 걸친 채 회사에 기사 내용을 불러주곤 했다. 그러나 학생들이 데모하는 기사, 머리끄덩이를 잡고 강제로 철거민들을 트럭에 실어 경찰서로 잡아가던 이야기, 이런 것들은 신문에 한 줄도 실리지 않아 불만스러웠다. 그만큼 정보기관의 언론통제가 심해서 그랬던 것이지만, 그런 기사는 사회부장의 데스크 고무판 밑에 쌓여 있다가 참고 사항으로 회사 상층부로 전달되거나 거의 매일 사찰을 나오는 정보기관원에게 귀띔해 전달하는 용도로 쓰였다. 나중에 내근을 하면서 목격하게 된 사실이었다. 삼성그룹에 해가 되는 기사 역시 이런 식으로 처리되었을 것으로 짐작된다.

내가 수습기자를 한 지 얼마 되지 않아서는 두 가지 사건이 벌어졌는데, 하나는 중앙일보와 동아일보가 서로 정보전을 벌이다가 휴전, 타협 상태로 간 사건이었고, 다른 하나는 '동아일보 광고 사태'였다. 당시에는 동아일보가 기자들을 동원해 삼성그룹 비리 관련

정보 수집 활동을 벌여 그것을 폭로하려고 했고, 이에 대해 중앙일보는 (삼성의 방패막이로서) 동아일보 계열의 고려대, 미원, 삼양설탕, 김성수 씨 친인척 관련 비리, 탈법 사례들을 취재하고 수집해 맞불을 놓으려 했다. 그러다가 어느 날 타협을 해 '이제 걱정 안 해도 된다'는 얘기가 돌았다. 다른 하나는 야당지인 동아일보의 입을 막기 위해 박정희 정권이 기업들에게 동아일보에 광고를 싣지 못하도록 압력을 넣어 발생한 '동아일보 광고 사태'였다. 당시 동아일보 기자들은 광화문 사옥에서 농성을 하며 언론 자유와 탄압 중지를 외치고 있었는데, '오늘 밤 늦게 경찰이 회사 건물 내로 진입해 기자들을 체포해 간다고 한다'는 첩보에 따라 동아일보가 보이는 곳의 취재 차량에서 취재차 대기를 하다가 경찰 진입이 없자, 서소문의 중앙일보 숙직실로 돌아가 잠을 잤다. 아침에 깨어나 보니, 경찰이 새벽에 습격을 했다고 한다. 얼마 후 동아일보와 조선일보는 정부에 항복하고, 기자들을 대량 해직시켰다.

이 해직기자들은 나중에 해직기자협의회, 민주언론연합을 만들었고 월간 말, 한겨레신문을 만드는 데 주도적인 역할을 했다. 이러한 사실은 1989년 초 독일 유학을 마치고 귀국해 글쓰기 등 왕성한 활동을 시작하던 시기에 박형준 씨가 월간 말의 기획위원으로 들어와 달라고 해 1년간 일하면서 알게 된 것이다. 세상은 넓고도 좁은가 보다. 민주언론연합은 후에 '시민' 자를 명칭에 넣어 민주언론시민연합(약칭 민언련)으로 이름을 바꾸었는데, 그 후에는 강원지역 지부가 만들어져 나도 창립대회 때 참석했다. 그리고 그 멤버 중 한 명인 정연구 교수(한림대 언론정보학부)는 '대안언론' 매체를 만들려고 하

취재차 찾은 중앙고등학교 운동장에서 동행한 사진기자가 찍은 중앙일보 기자 시절의 저자

다 결국 강원희망신문을 만들어 발간을 주도했고, 근래에는 '시민과 동행하는 신문: 춘천사람들'(약칭 춘사)로 제호 등을 바꾸어 제작을 주도하고 있다. 나는 거기에 고문으로 걸쳐 있다.

중앙일보에서 나는 편집국 사회부에서 한 1년, 출판국 학생부(학생중앙)에서 한 1년, 다시 편집국 주간부(주간중앙)에서 연예, 부동산 담당으로 또 한 1년, 끝으로 6개월은 다시 사회부 기자로 지냈다. 재미있는 이야깃거리가 많이 있지만, 그중에서도 학생중앙의 기자를 할 때 얘기를 하고 싶다.

청소년의 고민거리를 취재하러 중앙고등학교 상담교사를 찾아갔는데, 공교롭게도 그 분은 이철 씨의 아버지였다. 이철 선배는 당시 '민청학련' 사건으로 수배 중이었고 신문 1면 톱에 등장할 정도였는데, 고등학생 복장으로 한참을 잡히지 않고 도망을 다니고 있었다.● 본론으로 돌아와서 상담교사 인터뷰 중에 "우리 학교에는 박정희 대통령의 아들 박지만이가 다녀서 걔 때문에 학생들이 스트레

● 이철 씨는 유인태 씨와 함께 서울대 사회학과 선배이자 데모 선수들이었다. 아마 '민청학련'의 전국 연락책이었을 것이다. 후에는 국회의원들이 되었다. 나와 동기생이었던 역사학과 출신 나병식 씨는 이 사건으로 '사형선고'를 받았다가 풀려났고, 풀빛 출판사를 만들어 한참을 책과 잡지를 내고 한사연 활동도 하고 정치권 진출을 시도하다 수년 전 몹쓸 병으로 타계했다.

스를 많이 받아 상담하러도 많이 온다"라고 했다. 왜냐하면 경호원들이 박지만을 에스코트해 학교로 데려다주고 하니까 위화감을 많이 느낀다는 것이었다. 사람 위에 사람 없고 사람 아래 사람 없는 것인데……. 나는 이철 선배가 혹시 집에 있지는 않을까 궁금해 취재를 마친 후에 홍대 입구 당인리 발전소 철길 옆 동교동 자택에 가보기도 했다.

그런데 나중에 나의 대학 동기이자 예전에 가깝게 지냈던 서강대 정치학과 손호철 교수(서울대 정치학과 출신)가 언젠가 나와 통화를 하던 중, "아이씨, 정몽준이가 나한테 선거 좀 도와달라고 하는데, 거 어떡하지? 걔가 내 중앙고등학교 동창이잖아?"라고 해 사실 좀 놀랐다. '이런 인물들이 나온 곳이 중앙고등학교였구나' 하면서.* 이 대목에서 나는 또 한 번 놀랐다. '아니, 그렇다면, 박지만이 걔네들 고등학교 후배겠네? 우리하고 학번이 같은 박근혜의 동생이니까. 아, 또 그러고 보니 박근혜는 서강대 출신이고 손호철은 서강대 교수이니, 허, 그것도 참……!'

어쨌거나 내가 중앙일보를 그만둔 이유는 이렇다. 사회 현실을 여기저기 직접 목격하며 놀라고 알게 된 것들도 많았고, 특히 문제의식이 터질 것처럼 쏟아지는데, 이걸 생각하고 정리하고 해결 방안을 생각할 틈도 없이 어느새 3년 6개월이 다 된 것이었다. 사회성, 정치성 있는 기사는 아무리 열심히 취재해 써재껴도 한 줄도 안 나

---

* 정몽준 씨는 현대그룹 창업자의 아들로 1951년생이며 서울대 경제학과 출신이고 아산재단 이사장이다.

가는 판에 '이거 입에 게거품 물고 주인 위해 정신없이 뛰어다니는 개 아냐, 내가?' 하는 생각이 들었다. 그리고 또 기자가 취급하는 기삿거리는 사회 현실의 표면이고, 독자 대중의 관심에 맞는 이른바 '뉴스 가치(news value)'가 있는 것들이어야 하기 때문에 언론에서는 그 바탕의 심층부에 숨어서 작용하고 있을 어떤 원리 같은 것들은 관심 대상이 아니었다. 그래서 다람쥐 쳇바퀴 돌 듯 생각 없이 하루하루 바쁘게 살아가다가는 기자를 영원히 그만두지 못할 것 같아, 노조 만들기도 포기하고 더 늦기 전에 '당장' 기자 생활을 중단해야겠다는 생각을 하게 되었다. 이제 문제의식은 충분히 생겼으니, 그 원인과 해결 방안을 찾는 학문의 길을 가기로 한 것이다.

돌이켜보면, 중앙일보에서 한 경험은 나에게 많은 것을 남겨주었다. 기자 생활 초창기에 배운 것이지만, 나의 간땡이를 붓게 만들었다는 점이 그 하나이다. 아무리 높은 사람, 접근이 어려운 사람이나 장소에도 과감히 얼굴에 철판 깔고 거들먹거리며 돌진해 들어가는 수평적인 자세, 바로 이런 것이다. 20대 중반의 새파란 나이에 50대 경찰서장의 책상에 엉덩이 깔고 반말로 농담하고 공갈 때리며 취재에 응하게 만드는 방식이 그 예이다. 다른 하나는 그 후 수십 년이 지나도록 종종 취재하는 자세를 갖게 만들었다는 점이다. 어떤 사태의 핵심을 잡아내고 요약정리를 하는 버릇, 이런 것도 만들어주었다. 또 다른 한 가지는 글쓰기를 훈련받아 자신감을 갖게 해주었다는 점이다. 짧은 기사, 칼럼 수준의 글, 좀 더 긴 글쓰기, 나아가서는 제목 뽑기, 핵심 주제 잡기 등의 실력도 키워주었다고 본다. 물론 나중에 공부를 하고, 논문을 쓰고 하면서는 다른 성질의 글을 쓰게 되었지만, 그 시절 취재하기와 글쓰기 경험이 많은 참고가 되었다.

4. 한국교육개발원과 교과서, 1980년대 학풍과 스튜던트 파워

1978년 3월 중앙일보를 그만두고, 독일 유학을 준비하던 중, 곧바로 유학을 가는 것보다는 사회학 공부를 한동안 안 했으니 대학원을 다니면서 좀 더 공부하고 학력도 인정받는 것이 낫겠다 싶어 서울대 대학원 입시를 준비했다. 요행히 합격을 했는데, '70 사회학' 동기생인 배규한(국민대 사회학과 교수, 청소년정책연구원 원장, 연구재단 사무처장 역임)이 연락을 해와 "사회 과목 교과서를 만드는 일인데, 사회학 전공자가 필요하다"고 권유해 알바를 할 겸 한국교육개발원에 연구보조원으로 들어가 일하면서 대학원을 다녔다.

당시 교과서는 국정으로 과목당 한 가지씩만 만들었는데, 교과서 제작을 독점하던 국정교과서 주식회사의 뇌물수수 사건이 터져 정부가 교과서 개발을 교육개발원으로 넘긴 상태였다. 교육개발원에서는 초·중·고 사회 과목 교육과정을 짜서 중학교 교과서는 원고를 쓰고, 고등학교 사회문화 교과서는 연세대 사회학과 안계춘, 고려대 사회학과 임희섭 교수 등 대학교수들에게 원고를 청탁해 편집, 제작하는 일을 했다. 연구원 중에는 교대 출신, 사범대 출신이 대부분이었고 그 연고로 교대나 사범대 교수들을 자문교수로 삼아 자문을 받았다. 정범모 교수가 교육학계의 대부로 칭송되는 얘기를 듣게 된 것은 그때였다. 정 교수는 한 10년쯤 뒤 한림대에서 처음 만나 알게 되었고, 우여곡절의 관계를 맺기도 했다. 자문위원 중 한 명은 서울대 사범대학 교육학과 이상주 교수였는데, 이 양반은 한완상 교수의 청년문화론에 영향을 받아 교육학과에 교육사회학 전공 붐을 일으켰다고 하며, 역시 말을 잘해 매스컴을 많이 타는 인물이었다. 그리고 그 덕에 전두환 시절 청와대 교육문화수석을 했다.

한번은 고등학교 사회문화 교과서 집필이 끝난 후 청와대에 들어가서 오케이를 받아 오라고 해서 교과서 원고를 들고 난생처음 청와대에 갔다. 그런데 교과서 검열(!)의 최고 책임자는 바로 그 이상주 교육문화수석이었다. 나중에 교과서에서 문제되는 부분이라며 정치 관련, 대북 관련 장, 절들을 수정하라고 했는데 그 작업은 당시 문교부 관료인 편수관들에게 맡겨졌다. 책이 나온 뒤 보니, 새로 써넣은 부분들은 거의 정부 정책 홍보 책자와 다름없는 수준이었다.

교과서는 책이지만, 교육제도의 일부이자, 교과서 제도에 의해 만들어지는 책이다. 우리나라에서는 국정교과서 제도를 오랫동안 시행하다가, 검인정교과서 제도로 바꾸었고, 얼마 전 박근혜 정부는 역사 교과서를 국정교과서 또 다시 바꾸겠다고 해 커다란 논란을 불러일으켰다. 그러나 이것만 문제인 것은 아니다. 검인정교과서도 사실은 교육과정에 정해놓은 내용을 풀어쓴 것에 불과하기 때문에, 전국의 초·중·고교 학생들에게 똑같은 내용을 획일적으로 가르치고 시험문제의 정답으로 암기시킨다. 국정이건 검인정이건 사촌지간이며, 세계의 많은 나라는 획일적으로 정해진 교과서 없이 교육을 하고 있다. 대학에 국정, 검인정교과서가 없는 것과 마찬가지이다.* 그래서 강원도 교육청 민병희 교육감이 지난 선거에 출마했을 때, 나는 공약으로 교육 자치를 내걸어 달라고 주문한 적이 있다. "강원도에서는 강원도에 필요하고 적합한 교육을 해야 하고, 교과과정과 교과서를 따로 만들어야 하지 않겠느냐"라고 말이다. 민 교육감 후보는 "강원도 보수적인 거 잘 아시지 않느냐, 그건 너무 급진적이어서 곤란하다"라고 했다. 하긴 그렇군!

어쨌든 박정희가 궁정동 안가에서 차지철 경호실장과 함께 김

- 한국교육개발원에 따르면, "독일의 경우, 교과서는 민간 출판업자가 중심이 되어 편찬되며, 정부 차원에서 개발되는 것은 없다. 학교에서의 교과서 채택은 주로 교과 교사들 간의 협의에 의해 이루어지며, 학교에서 채택, 사용할 경우에는 각 연방주 교육부장관의 승인을 받도록 되어 있다. 영국의 경우는 이보다 더 자율적으로 이루어지고 있다. 정부나 지방교육청 수준에서 표방하는 획일적인 교과서 정책은 없고, 자유발행제도를 채택하고 있다. 교과서 저술에서부터 출판, 공급에 이르기까지 완전히 개방되어 있으며, 교과서에 대한 체계적인 검정 혹은 인정의 절차가 없다. 교과서의 채택 역시 법적으로는 지방교육청의 권한에 속하지만, 실제로는 학교장에게 위임되어 있다. 일반적으로 교과서 채택은 출판사에서 학교에 교과서 견본을 배포하면 교사와 교장이 협의해 결정한 후, 지방교육청에서는 교과서 공급 업체를 통해 출판사에 주문하는 형식을 취하고 있다. 미국의 경우, 교과서의 편찬은 자유발행제도에 입각해 원칙적으로 상업 출판사들에게 맡겨져 있으며, 출판사들은 교과서로 인정, 채택되기 위해 각 주의 교육과정을 교과서 내용에 반영하고 있을 뿐이다. 교과서의 채택은 연방주에 따라 제도가 다르나, 크게 주정부가 권한을 가지고 교과서를 선정하는 방식, 지방학교구가 권한을 가지고 선정하는 방식 두 가지로 나누어져 있다. 각각의 경우에도 지방학교구나 주정부의 역할은 주마다 상이하다. 또한 주 수준에서 교과서를 채택하는 경우에도 교과당 5권 정도의 목록을 채택하는 주가 있는가 하면, 기준에 부합되는 모든 책의 목록을 채택하는 경우들도 있다."[한국교육개발원, 「교과서 정책과 내용 구성 방식 국제 비교 연구」, 연구보고 95-17(1995)]

재규 정보부장에게 저격당해 피살되던 무렵, 학계에는 또 한차례 새로운 학풍이 불어닥쳤다. '종속이론', '제3세계론'이 사회과학 서적으로 베스트셀러 반열에 올랐고, 염홍철 씨 같은 경우는 이런 책을 펴내고 청와대로 진출하기도 했다. 그러나 얼마 후 정부는 그런 책들의 내용을 제대로 파악했는지 '불온서적', '금서'로 지정했다. 염홍철 씨는 그 후 대전시장이 되었다. 이 학풍은 마르크스주의를 유입하는 중개자 역할을 해 1980년대 학풍을 선도했다. 그동안 억압되고 터부가 된 자본주의라는 용어, 국가·계급·민족·통일·사회주의·혁명 등등의 용어와 개념이 도입되어 한국 사회를 색다른 눈으로 보고 해석하는 개념도구로 사용되었고, 학생운동을 좌경화시키는 역할도 했다.

1980년대 중·후반으로 가면서 자주·민주·통일 계열이나 반제·반독점 계열이나 대개가 사회주의 혁명을 꿈꾸었다. 나는 이 무렵 독일에서 유학을 하고 있었는데, 베를린대에서 박사 논문을 쓰고 있던 김세균 씨(서울대 정치학과 교수 역임)는 1980년대 중반의 한국 사정을 이렇게 말했다. "한국에는 요새 레닌이 2000~3000명이나 된대." 그만큼 레닌주의자가 많다는 얘기였다. 그 대표적인 인물로는 경기도지사를 역임한 김문수 씨가 꼽히곤 하는데, 이 양반은 당시 레닌의 이론과 사상에 입각해 구로지역 공장 노동자들의 동맹 파업을 이끌어낸 혁혁한 공로를 세운 혁명전사였다고들 얘기한다.

1980년대의 학생운동 세대는 후에 '386세대'라고도 불리게 되었지만, 사실상 한국 사회를 들었다 놨다 할 정도로 영향력이 컸다.* 1980년대 초 대학가에서는 교수들이 학생들 눈치를 많이 보았다. '어용교수'로 몰려 대학에서 쫓겨날까 봐 두려워서였을 것이다. 그것은 내가 1980년대 초 서울대 사회학과 조교를 할 때, 직접 경험한 일이다. 그리고 이런 '스튜던트 파워'는 1989년 초 내가 유학을 마치고 돌아왔을 때도 마찬가지였다. 기성 교수들의 강의는 수강생이 적어 폐강되기 일쑤였고, 학생들이 원하는 시간강사들의 강의는 미어터지는 형세였다. 대학가의 서점은 대부분 이른바 '빨간책'을 파는 소위 '사회과학 서점'이었고, 이런 책을 펴내는 출판사는 '사회과학 출판사'라고 불렸다. '사회과학'이라는 말의 의미 변천을 발견할 수 있다. 교양서적 등은 찾아보기 힘들었다. 그래서 광화문 교보문고를 가서 살펴보니 거기도 비슷했다. 사회주의, 계급, 혁명, 자본주의 등등의 제목을 단 책들이 서가를 채우고 있었다.

학생들은 이러저러한 강좌를 개설해 달라, 누구누구를 강사로 불러 달라, 우리 학과에도 진보·좌파 성향의 교수를 뽑아 달라는 요구를 했다. 이런 상황에서 학생들의 요구를 수용하는 경우가 여기저기 나타났고, 이렇게 해서 신규 채용된 대표적인 인물이 서울대 경제학과의 김수행 교수였다. 학생운동의 이런 기세는 1990년 무렵, 소련과 동유럽의 사회주의 국가들이 연이어 무너지면서 급속히 꺾여버렸고, 1990년대 중반쯤에 이르러서는 거의 사그라져버렸다.

• '386'이라는 용어는 원래 당시 보급된 PC 기종 중에 32비트 CPU인 인텔 80386 시리즈를 줄여서 부르는 말이었으나, 1990년대에 한국 언론에서는 30대 나이, 80년대 학번, 60년대 출생의 변혁 지향의 성향을 가진 세대를 386세대라고 지칭했다.

그러나 1980년대 학생운동 출신들도 그러했지만, 1970년대 학생운동 출신들도 정치권으로 진출한 사람들이 많았다. '제5공화국 청문회 스타'였던 이해찬 씨는 1970년대 학생운동 출신으로 국회의원을 하다가 노무현 정부에서 국무총리까지 지냈고, 지금은 세종시 국회의원이다. '전대협 의장' 등 386세대의 일부는 노무현 정부 초기에 '탄핵 역풍'을 타고 정치권으로 진출해 2004년 '열린 우리당' 초선의원의 다수를 점했다.

5. 독일 유학을 마치고 한림대 사회학과 교수가 되다

내가 독일로 유학을 가려고 생각한 것은 오래되었다. 미국은 맘에 안 들었고, 유학비도 많이 드는 나라였다. 1년 학비가 작은 아파트 한 채 값과 맞먹는 수준이었다. 독일은 등록금이 없었고, 따라서 생활비만 조달하면 되었다. 물론 학부 시절과 대학원 시절에 공부한 것을 좀 더 깊이 있게 연구하려면 독일이 맞는다는 생각도 강했다. 그래서 나는 마르크스주의 학풍이 강한 대학을 열 개 골라 원서를 냈고, 1983년 여름 뮌스터대학으로 가 공부하다 1986년 초 베를린대학으로 옮겨 박사 논문을 거기서 썼다. 아내가 독일어를 몰라 처음에는 어학 코스가 있는 뮌스터로 간 것이었다. 아내는 미술을 공부하고 싶어 했으나 연이어 애가 생겨나는 바람에 뜻을 이루지 못했다. 그러나 독일은 아이를 낳고 기르기 참 좋은 나라였다. 관련 복지제도가 잘 발달해 있었기 때문이다. 교육복지도 잘되어 있다고 할 수 있다. 등록금이 없고, 학교에서 요구하는 것은 보험 가입 증서와 학생회비 납입 증명 두 가지 뿐이었다.

독일에서 유학하면서 많은 것을 공부하고 경험하고 얻었지만, 그중 몇 가지만 얘기하겠다.

'물 먹었다'는 말에는 여러 가지 뜻이 있다. '미국 물을 좀 먹은 사람'이라는 말처럼 나는 6년 가까이 유학 생활을 하며 독일 물을 먹었다. 그들의 찾아가는 복지제도, 옛날에 개그맨 이홍렬이 '귀곡산장' 코너에서 "뭐 필요한 거 없어?"라고 해서 히트를 친 적이 있지만, 우리가 애를 낳으니 사회복지사가 집에 찾아와 똑같은 말을 하며 탁아소를 소개하고 연결시켜주기도 했다. 애를 낳고 나서 우리는 복지 혜택을 받아 오히려 돈을 벌었다. 환경 의식도 대단했다. 당시 이미 분리수거를 실시했으며, 주부들은 자전거를 타고 장바구니를 들고 슈퍼에 다니곤 했다. 누구라도 그랬겠지만, 독일과 한국을 종종 비교해보게 되었고 공통점과 차이점이 눈에 띄었다. '사람 사는 세상 다 마찬가지이구먼. 아니 근데 이런 건 우리나라에서는 상상도 못하는 일인데…….' 버스 정류장에는 1년 동안 이 정류장에는 며칠 몇 시 몇 분에 버스가 도착한다는 작은 판이 붙어 있는데, 거의 틀리지 않았고, 12월 5일에는 언제 48번 버스가 도착하는지 등이 다 적혀 있었다. 예를 들면 사람들은 내년 여름휴가 장소까지 예약을 다 해놓고 살았다. 아마도 지금까지 그럴 것이다. 중고 (second hand) 재활용 매장, 이런 것에 대한 정보를 알리는 츠바이테 한트(Zweite Hand, 독일어로 두 번째 손, 즉 돌려쓰기·재활용을 의미; 우리나라의 교차로와 비슷한 신문) 등이 이미 1980년대에 인기를 끌었다.

나는 유학 생활을 하며 공부에 신들려본 적이 있다. 마르크스의 『자본론』(애덤 스미스 등의 정치경제학 비판)을 읽다가 그랬는데, 너무 신나고 흥분되고 통쾌하고 재미있어 식음을 전폐하다시피 하고 공부에 빠져본 것이다. 만감이 교차해 울기도 했다. 그러나 공부를 하려면 먹어야 하며, 잠도 자야 한다. 이런 것도 자연스럽게 절감하게 되었다.

『자본론』을 처음 원서로 접한 것은 뮌스터 대학의 바스무스(Henning Wasmus) 교수 강의를 들었을 때였는데, 그 양반이 교재로 들고 온 『자본론』 1권에는 책갈피가 수도 없이 꽂혀 있었고, 어느 구절이 몇 페이지에 나오는지도 대개 다 기억하고 있었다. 어느 날, 리포트를 냈는데 그 교수가 성적표에 연필로 "시간되면 내 연구실로 한번 올래?"라고 쓴 것이었다. 내가 리포트를 잘 썼나 보다 하는 생각에 연구실에 찾아갔더니, 홍차를 한 잔 타주면서 질문을 하는 것이었다. "너는 자본주의가 몇 년을 더 갈 것이라고 생각하니? 200년? 300년?" 그 밖에는 별다른 이야기가 없었던 것 같다. 나는 리포트에서 "자본가도 노동을 하지 않느냐"라고 이의 제기를 했었는데, 거기에 대한 얘기는 없었다. 자본주의가 영원하지 않으리라는 얘기는 나중에 알고 보니 마르크스의 생각이었다.

베를린대학으로 옮겨가보니 사회학과에서는 『자본론』 1, 2, 3권을 네 학기에 걸쳐 가르쳤다. 1권을 두 학기로 나누어 가르치고, 2권과 3권을 각각 한 학기씩 가르쳤다. '와우!' 『자본론』은 철학과에서도, 정치학과, 심리학과에서도 가르쳤다. '심리학과에서도 『자본론』을?' 궁금해서 철학과, 심리학과에서 하는 강의에 들어가 보았

르네 고시니 지음, 알베르 우데르조
그림, 오영주 옮김, 『아스테릭스 1』
(문학과지성사, 2001).

다. 철학과의 하우크(Wolfgang Fritz Haug)
는 마치 나치 요원처럼 생겼는데, 중간
중간에 강의실 마룻바닥에 앉아 토론식
강의를 하기도 했다. 심리학과에 가보
니 첫 시간에 복사물을 나누어주는데,
무엇인지 보니, 『아스테릭스』 만화의
두 페이지가 복사된 것이었다.ᆞ 골족에
게서 로마인들이 대리석을 주문해 사 가
기 시작한 후, 공동체 마을 안에 불평등
이 생겨나고, 공동체 질서가 깨지는 스
토리였다. '아니, 이건 『자본론』 1권의 앞부분에서 소유 제도의 발
달과 관련해 마르크스가 주장한 내용인데 그 만화가는 그런 내용을
알기 쉽고 재미있게 만화로 그려내다니? 그리고 그 심리학과 교수
는 그걸 찾아 대학 강의 교재로 나누어주다니?' 아아, 정말 놀라운
일이었다.

ᆞ "『아스테릭스』(프랑스어로 Astérix or Astérix le Gaulois, 영어로 Asterix)
는 프랑스의 르네 고시니가 쓰고 알베르 우데르조가 그린 만화로, 1959년 10
월 29일 프랑스의 만화 잡지 필로트(Pilote)에 처음 발표되었다. 1977년 고시
니가 사망하고 나서는 우데르조가 혼자 만화를 그리고 있다. 로마군과 싸우
는 골족 전사들의 이야기이다. 2009년을 마지막으로 총 34권이 출판되었다.
대한민국에서는 문학과지성사에서 2001년부터 2008년에 걸쳐 33권까지 간
행했으며, 2013년 3월에 최종권인 34권을 출판함으로써 완간되었다."(위키
백과 '아스테릭스' 항목. https://ko.wikipedia.org/wiki/%EC%95%84%EC
%8A%A4%ED%85%8C%EB%A6%AD%EC%8A%A4)

나의 지도교수 제바스티안 헤어코머(Sebastian Herkommer)는 '프랑크푸르트 학파' 아도르노(Adorno)의 제자였다고 하는데, '68혁명 세대'였다. 지도교수뿐만 아니라 아도르노의 제자 중 상당수가 '마르크스주의'자로 변신했고, 레닌주의를 거부하는 거대한 학파를 형성했는데 헤어코머는 그 일원이었다(계급분석연구회, 사회주의연구회). 다른 한 학파는 서독의 '마르크스·레닌주의'파였고, 또 다른 학파는 하우크 등 '구조주의 마르크스주의'로 변신하는 학파였다. 지도교수는 내 논문 계획서를 보고선 하는 말이 "마르크스를 재해석해서 뭐 하려고? 마르크스 해석이 수도 없이 넘쳐 나는데" 하면서, 하우크 쪽을 비판하는 논문을 권유했다. 그래서 논문을 썼는데, 결국은 중립적, 독자적으로 세 학파를 모두 비판하는 내용의 논문을 썼고, 지도교수 학파에서 그랬듯이, 안토니오 그람시(Antonio Gramsci)도 수용할 것을 적극 검토하겠다는 내용을 넣었다. 그런데도 논문은 통과되었고, 좋은 성적을 받았다. 자기들 주장도 비판하는 논문을 통과시켜주다니, 거참, 대단하군! 배울 만한 점이군!

　논문이 통과되고 지도교수와 자리를 한두 번 같이했는데, "주체 철학하는 북한에서 날 초청했는데, 가야 되나, 말아야 되나?" 이런 걸 물어보기도 했지만 당연히 가지 않을 것으로 믿어 노코멘트 했다. 다른 하나는 "너의 나라는 매일 뉴스에 나오는데, 경제성장을 잘하고도 연일 화염병, 쇠파이프 데모만 하고 있으니, 참 이상한 나라 아니냐? 어떻게 된 거야? 귀국하면 너도 헬멧 쓰고 싸워야겠네? 우리는 항상 유사시를 대비해 보수 우파들의 명단과 주소까지 확보하고 있어. 게네들이 우리 명단, 주소 다 가지고 있는 것처럼" 라는 것이었다. 그리고 "네가 소련과 동독의 레닌주의 이데올로그들을 비판했지만, 사실 그 사람들 없었으면, 마르크스주의나 사회주의가 살아남을 수 있었을까?"라고 했다. '하이고 이런! 동·서독의 마르크스주의와 레닌주의는 서로 적대 관계에 있는 줄 알았는데, 그게 아니었네?'

베를린 장벽이 무너지기 한 6개월 전쯤인 1989년 2월 박사를 마치고 한국에 돌아왔다. 한국은 크게 변화해서 처음에는 사람들이 옷 잘 입는 스위스 사람들처럼 보였는데, 뒤에서 사람들이 한국말을 쓰면 '엇, 한국 사람이다'하며 놀라곤 했다. 독일 유학 생활을 몇 년 하다 보니 한국말이 그만큼 낯설어졌기 때문이었다. 그러나 버스에서 여대생 세 명이 얘기 나누는 것을 들으며 '내가 대학 다닐 때나 지금이나 변한 게 없군' 하는 생각도 했다. 변한 것도 있고, 변하지 않은 것도 있었던 것이다.

1989년에는 시간강의를 하러 다녔고, 1990년에는 한림대에 특별 채용으로 입사했다. 당시 총장은 현승종 선생이었는데, 현 총장은 사회학과를 만든 차종천 교수가 성균관대로 옮겨서 그 후임을 원로 교수로 채용하려 했다고 한다. 그런데 차 교수가 뽑은 송호근, 신광영 두 서울대 사회학과 후배 교수들은 나를 차 교수의 후임자로 추천했다. 당시 송 교수는 내 집에 찾아와 한림대에 오라고 했고, "이제 얘기가 다 되었으니 정장 차려입고 총장에게 인사만 하면 된다"라고 해 정장 한 벌 사 입고 인사를 갔다. 그런데 현 총장께서는 손을 저으며, 아직 인사할 때가 아니라며 나를 물리치셨다. 그런데 이상하게도 당시 한림대의 '좌청룡 우백호'라 할 수 있는 사무처장

(조봉계, 나중에 한림성심대 학장 역임)과 기획실장(차흥봉, 나중에 한림대 부총장, 보건복지부 장관 역임)이 모두 서울대 사회학과 출신 선배들이었고, 송호근 교수는 이 양반들과 상의해 '007 작전' 비슷한 것을 폈다고 한다. '서울대 한상진 교수(대통령자문 정책기획위원장 역임, 중민재단 이사장)를 통해 서울대 사회학과 고영복 교수의 추천서를 받아 총장에게 제출하면 잘 될 것이다. 현 총장이 며칠 후 모 원로 교수를 만난다고 하니 그 전에 고영복 교수의 추천서를 전하도록 하자' 이렇게 된 모양이다. 그래서 한상진 교수가 고영복 교수 추천서를 들고, 서울의 S호텔 로비에서 기다리다가 현 총장에게 전했고, 현 총장은 한번 쭈욱 읽어본 후 안 주머니에 넣고 호텔 안으로 들어가 그 원로 교수와 덕담을 나누고 헤어졌다고 한다. 결국 나는 서울대 사회학과 인연으로 대학교수가 된 사람이라고 할 수 있다.

고영복 교수는 내가 사회학과에 입학할 때, 입시 면접위원이셨다. 그리고 내가 사회학과 대학원에서 조교를 하다가 독일로 유학을 가려고 남산에 있는 독일문화원에 다니며 독일어 공부를 한창 하고 있을 때, 그러니까 전두환 시절에, 국보위 옆에 사무실을 두고 있던 현대사회연구소 소장직을 맡고 계셨는데, 유학 가지 말고 연구소에 들어와 일하면 어떻겠느냐고 제안을 하시기도 했다. 나는 물론 거절했다. 고 교수는 박정희 시절에 독재정권을 돕는 '새마을 교수'로 유명했고, 전두환 정권의 독재가 심해 당시에는 거부 반응을 많이 일으키던 터였으며, 유학은 수년을 벼르고 별러왔던 것이라 가야 했기 때문이었다. 나중에 교수가 된 후, 고영복 교수가 고정간첩 혐의로 구속되자 나도 제자 중 한 명이라 정보기관에게 심문을 받은 적이 있다. 그러나 사실대로 얘기하니 쉽게 풀어주었다. "당신들은 내가 어떤 사람인지 대충 알 것이고, 나는 고 교수를 꼴통보수로 생각해 함께 일하자고 해도 거절한 적이 있다." 그런데 놀랍게도 그 후 고 교수는 감옥에서 '전향서'를 쓰면 풀어주겠노라고 했는데, 자신은 고정간첩은 아니지만, 사회주의를 신봉하는 사람이라고 하면서 전향서를 끝내 쓰지 않았다고 한다.

8장

대학교수로서의 생활과 연구, 봉사·실천, 교육

정범모 교수는 대학교수의 세 가지 역할로 교육, 연구, 봉사를 얘기하지만, 교수가 직업이자 생활인이라는 점에 대해서는 잘 언급하지 않는다.

1. 대학교수는 직업 중 하나

직업이란 먹고살기 위해서 하는 일이다. 영어로 프로페션(profession)은 전문가(professionals)라는 말과도 같다. 프로 야구선수, 프로 킬러 '레옹', 교육·연구를 전문으로 하는 프로페서(professor)가 다 먹고살기 위해 가져야 하는 직업의 하나인 것이다.

교수라는 직업은 한국에서 사회적인 평판이 최상위권에 속한다. 직업 안정성도 공무원 못지않게 높은 편이며, 신분보장도 잘되는 편이다. 그래서 교수에게 공무원처럼 '철밥통'이라는 별명을 붙여도 이의를 제기할 교수가 별로 없을 것이다. 교육, 연구, 봉사 중 의무적으로 하게 되어 있는 일은 교육으로, 한 학기에 대체로 세 과목을 강의해야 하고, 소정의 연구업적을 제출하지 않으면, 불이익을 당하며 심한 경우에는 재임용에서 탈락할 수도 있다. 초·중·고 교사와 근무 여건을 비교하면, 자율성이 크고, 유연한 근무를 한다. 그래서 '학교에 일주일에 최소 3일이나 4일은 나와야 하지 않겠느냐'는 대학 본부의 권고 또는 압력도 생겨난다. 그러나 교수당 학생 수는 초·중·고 교사보다 못하다. 고등학교에서는 교사 1인당 학생 20여 명인데, 대학에서는 교수 1인당 학생 수가 30명을 넘는다. 유럽이나 미국의 대학과 비교하면, 아마 두 배 정도가 될 것이다. 그래서 나는 오래전 정범모 교수가 총장을 하실 때, 이 얘기를 하면서 '교수를 최소 두 배로 늘려야 하는 것 아니냐'고 항변을 한 적이 있다. 물론 교수들은 사범대학이나 교육학과를 나오지 않은 경우가 많아 대부분 교육과 교수법에 대해 잘 모른 채 교수가 되기 때문에 교육의 질을 교수당 학생 수만 가지고 얘기할 수는 없다.

❖ 등록금이 비싼 이유는 무엇인가

2012년 기준 국내 대학은 4년제가 233개이고, 대학생 수는 200만 명을 조금 넘는데, 대학 중 80% 정도가 사립대학이다. 사립대학은 학생이 내는 등록금에 크게 의존해서 운영되며, 지출에서 가장 큰 비중을 차지하는 것은 교직원 인건비이다. 그래서 등록금 수준은 교수 월급 수준과 상당 부분 연동되어 있다. 등록금을 낮추어 학생과 학부모에게 등록금 부담을 줄여주면, 교직원 월급도 동결하거나 깎아야 하는 것이 현실이다. 국립대학은 정부 보조를 일부 지원받아 운영하기 때문에, 등록금이 사립대학의 절반 수준일 것이다. 절반 수준이라는 것은 정부가 전액을 지원하지 않는다는 것이다. 사립 같은 국립이라는 얘기이다. 그래서 '같은 값이면 다홍치마'라고, 대학 진학생들은 기왕이면 등록금이 싼 국립을 사립보다 선호한다. 서울대에 전국 최고 수준의 학생들이 몰리게 된 이유는 바로 거기에 있었다. 다른 각도에서 보면, 대한민국 역대 정부는 이승만 정부부터 박근혜 정부에 이르기까지, 아무리 김영삼, 김대중, 노무현 대통령이 일각에서 칭송받는다고 하더라도, 고등교육에 대한 정부의 책임을 손톱만큼만 해왔고, 그래서 이런 점에서도 '헬조선'이라는 얘기가 맞는다고 할 수 있다. 대다수 유럽 국가는 등록금을 받지 않아왔는데, 왜 그랬을지 한번 생각해볼 일이다. 그것은 '68 혁명' 시절, 독일 등지의 학생들이 주도한 '대학교육 개혁운동'의 결과인 것이다.*

---

* "독일은 2차 세계대전 이후까지도 소액이지만 등록금이 있었다. 하지만 1960년대 68혁명을 전후로 등록금 납부 거부운동이 확산됐고 정부 차원에서 무상교육제도를 도입하면서 1970년부터는 모든 대학에서 등록금이 사라졌다." (≪서울신문≫, 2011년 6월 22일 자. http://www.seoul.co.kr/news/newsView.php?id=20110622008004)

❖ 반값등록금?

반값등록금 논의는 우리나라 학생들도 문제 제기를 한 결과일 것이다. 이명박 대선 후보는 반값등록금을 공약으로 채택하도록 압력을 받았고, 이명박 정부 시절에 이를 추진하기에 이르렀다. 그러나 정부는 대학에 압력을 넣어 대부분의 책임을 사립대학에 떠넘기고, 통제와 대학평가를 통해 대학 스스로가 등록금을 낮추도록 했다. 김영삼 정부 이래 역대 정부의 대학 통제 방법 중 가장 집요하고 효과적인 방법은 '입학 정원'을 묶어 놓는 것이었다. 다른 하나는 대학 재정수입을 보조한다고 재정 지원 사업을 공모하고 평가, 선발해 지원하는 '당근과 채찍' 방법이다. 그 한 예가 학부제였다. 1990년대 후반 정부가 '학부제'를 들고 나왔을 때, 전국의 대학들이 뭉그적거리자 정부는 학부제를 하는 대학에는 재정 지원을 해주겠다고 했고 그러자 거의 모든 대학이 정부에 줄을 섰다. 학부제는 경쟁률이 높은 학과, 전공, 취업이 잘되는 학과와 전공을 중심으로 통폐합, 구조조정을 하되 정원은 각 대학 내부에서 조정하는 것이다.

이런 정책은 잠시 주춤하다 오늘날 박근혜 정부에 들어서서 한층 더 강하게 추진되고 있다. 정부 주도의 대학평가에서 가장 강조되어온 것은 졸업생 취업률이었고, 전국의 각 대학은 취업률을 높이기 위해 각고의 노력을 기울이지 않을 수 없었다. 기초과학 분야의 축소와 위기는 김영삼 정부 때부터 시작되어 최근에는 한층 더 심각한 상황에 이르고 있다. 학생들도 이런 대학의 비정상성을 인식해 '대학이 취업사관학교로 전락하고 있다'는 얘기를 한다. 그러나 정부가 대졸자의 취업 문제 해결을 대학에 떠넘기고 재정 지원도 잘 안 하면서 통제만 가하는 것이 과연 정상인지, 정부가 제 할 일을 제대로 하는 것인지 의문이 많이 든다.

❖ 대학평가?

그동안 대학평가는 대부분의 대학이 사립이기 때문에 정부가 직접 해오지 않고 중앙일보, 조선일보의 평가나 다른 나라에서 제각각의 기준으로 평가한 것을 참조해오다가 이명박 정부 때부터 반값 등록금을 계기로 직접 하기 시작했다. 박근혜 정부 들어서서는 '저출산'과 '진학 인구 감소'를 명분으로 대학에 ABCDE 등급을 매겨가며 이를 한층 더 본격화했다. 하지만 정부가 사립대학을 평가하고 징계, 퇴출까지 시킬 수 있는 법적인 근거가 없어 '김희정 법(안)'인가를 만들려고 하다 현재 국회에 계류 중일 것이다. 어쨌든, 한국은 학벌주의가 강하고, 교육을 출세의 도구로 간주하는 경향도 많고, 대학들은 서열화된 지도 오래이다. 내가 대학에 다닐 때는 1류, 2류, 3류 대학으로 분류하는 것이 국민들의 생각이었고, 1류 대학 학생들은 자랑스럽게 학교 배지를 달고 다닌 반면, 2류부터는 창피해서 배지를 달고 다니지 못했다. 그런데 요새 박근혜 정부와 그 수하의 교육부 공무원들은 취업률과 구조조정 여부를 중심으로 대학을 평가해 등급을 매기는 등 대학서열화를 앞장서서 심화시키고 있다. 이 사람들은 왜 그렇게 할까? 오히려 그 반대 방향으로 가야 하지 않을까?

❖ 교수되기, 교수로 살아가기가 점점 더 어려워지고 있다

요즘 교수들은 이런 시대적인 상황 속에서 생활하고 교육하고 연구하고 봉사하고 있다. 최근에는 대학의 재정 악화를 이유로 전공 학과의 수, 교수 수를 줄이려고 하는 추세이고, 그래서 신임 교수, 후임 교수 충원도 점차 줄이려고 한다. 교수 되기는 원래도 쉽지 않았지만, 요즘에는 잘나가는 새로운 전공을 하지 않는 한 더욱 어려워지는 추세이다. 사실 신입생 수가 줄어들면 대학의 재정수입이 더 줄어든다는 건 맞는 얘기이다. 그렇지만, 교수당 학생 수가 적어지면 교육의 질은 더 좋아지지 않을까? 대학에 줄어드는 수입만큼 정부가 이를 보조한다면, '윈윈', '상생' 아닌가? 발상의 전환이 필요한 시점이다.

어쨌든, 교수의 월급 수준은 그다지 높지 않다. 조교수, 부교수, 정교수가 다르고 월급 항목이 학교마다 다른 데다 충실히 공개하지도 않기 때문에 전국 평균을 내는 것은 매우 어렵다. 2011년 4월 4일 자 ≪서울신문≫ 보도*에 따르면, 가장 월급을 많이 받는 정교수의 경우, 연봉을 가장 많이 주는 대학이 고려대로 1억 5468만 원이었고, 연세대는 9820만 원이었다. 어림짐작을 해보면, 전국 평균 연봉은 1억 미만인 6000~7000만 원 정도가 아닐까 한다. 월 500~

● "대학교수 연봉킹은 '고려대'…연세대의 1.6배", ≪서울신문≫, 2011년 4월 4일 자, 8면(http://www.seoul.co.kr/news/newsView.php?id=201104040 08003).

600만 원이라면, 여기서 세금, 보험료 등으로 100만 원 정도는 빠질 것이고, 그러면 400~500만 원 정도가 될 것이다. 대출받아 생활하고 월세살이를 하는 교수, 자녀 교육을 위해 사교육비, 대학 등록금까지 부담해야 하는 교수가 있다면 교수 월급은 많다고 하기 어렵다. 10여 년 전일 것이다. 나는 한림대 윤대원 이사장과 학교 식당에서 식사하면서 "교수 월급은 600만 원인데, 병원 임상 교수는 왜 1.5배를 주느냐, 교수 월급도 그 수준에 맞춰 달라"라고 얘기한 적이 있다. 그랬더니 하시는 말이 "의사는 돈을 벌어오지 않느냐"라는 것이었다. '하긴 그렇군.' 하여간 교수의 월급도 근래에 들어서는 동결되는 것이 대세이다.

❖ 대학교수는 노동자인가

전교조가 교사 스스로를 노동자라고 인식하듯이 교수도 '가르치는 일', '연구하는 일', '학내외 봉사하는 일' 등을 하며 먹고산다. 교사가 노동자인가, 교수가 노동자인가, 공무원이 노동자인가, 전업주부가 하는 일이 (가사)노동인가 하는 점들은 논란거리가 되어왔다. 어떤 이는 노동자라고 인식하고 주장하는 반면, 어떤 이는 그렇게 보지 않는다. 1989년 '교사가 노동자인가, 아닌가' 하는 논란이 전국 각지의 가정에서도 일어났다. 그리고 노태우 정부는 전교조 탈퇴를 권유한 후 말을 안 듣는 교사들을 해직시켰다. 그 이유는 그들이 '공무원'이고, '공무원법'에 의거해 공무원은 자신들의 이익을 위해 노동조합을 만들면 안 된다는 것이었다. 해직 후 요구르트 장사나 양

품점 등을 하며 10년 가까이 버티던 전교조 교사들은 김대중 정부가 IMF의 요구 사항을 들어주기 위해 민주노총 간부들과 협상해서 전교조를 합법화시켜주는 대가로 노동자 정리해고 등을 동의받으면서, 복직되고 합법화되었다. 그사이 전국공무원노조(약칭 전공노), 전국교수노조(약칭 교수노조)도 생겨났다. 교수노조는 노조 설립 신고서를 수년 전부터 정부에 제출했으나 번번이 설립 허가를 받지 못하고 있다. 교수가 무슨 노동자냐는 생각 때문일 것이다. 초·중·고교의 대부분은 국·공립이고, 교사는 교육공무원이라는 얘기가 맞다. 그러나 대학교수의 대부분을 차지하는 사립대학 교수는 형식상 교육공무원으로 간주되고 있으나 정식 공무원으로는 취급되지 않는다. 미국 같은 후진 나라에서도 경찰이 데모하고 그러는데…… 쩝!

2. 나의 교육, 연구, 봉사 활동과 대학교수 생활

지난 20여 년간 내가 가르친 과목들은 세월이 흐르면서 달라져왔다. 1990년대 초·중반 학생운동이 사그라들고 시민(사회)운동과 시민사회론이 부각되면서 '사회운동론'은 '시민사회와 시민운동', '사회운동과 NGO', 'NGO의 이해' 같은 쪽으로 변해갔다. '사회계급론'은 '사회 불평등과 계급·계층'으로 바뀌었다. 근래에는 취업률을 높이기 위해 '청소년 협동 전공 과정'을 만들면서 '청소년 문화' 과목이 생겼고, 학교에서 정부의 공모 사업에 응하다 보니 '고령사회의 이해' 같은 과목도 새로 생겼다. '경제와 사회' 또는 '경제사회학'은

1990년대 초에 만들어져 계속 존속한다. 이런 과목들이 내가 주로 맡아온 과목들이다. 사회학 이론이나 개론도 종종 맡아서 해왔고, 근래에는 '한국 사회와 21세기' 교양과목도 맡아왔다.

'경제사회학' 하니까 웃지 못할 얘깃거리가 하나 떠오른다. 1990년대 초일 것이다. 사회과학대학에서 교과과정 개편을 위해 학과별로 새로운 개설 과목을 제출하고 검토하는데, 당시 학장을 하던 경제학과 김 모 교수 왈 "정치외교학과에서 제출한 '정치경제론'은 '경제'가 뒤에 들어가니 경제학과 과목이다, 안 된다"라는 것이었다. 사실 나도 '정치경제학'을 개설하려고 했는데, 그 때문에 강의명을 '경제사회학'으로 바꾸어 개설했다. 물론 나는 이 과목에서 정치경제학을 가르쳤다. 얼마 후 그는 한림대를 말아먹는 '3인방'으로 몰려 나를 비롯한 절대다수의 교수에게 비난과 수난을 한참 당했다. 알고 보니 그 교수는 애덤 스미스 추종자였고, 그래서 그랬겠지만, 자유시장경제에 개입하는 정부에 대해서는 매우 냉소적이고 비판적이었다. 정부 비판을 한다는 점에서는 나와 통하는 면이 있고, 또 '적과의 동침'도 해야 했기에 만나면 반갑게 인사하고 경제학 이야기를 나누고, 내가 하는 경제사회학 수업 시간에 애덤 스미스 전문가로 초청해 특별 강의 순서를 마련하기도 했다. '정치경제학'은 '마르크스주의 경제학'이라고 잘못 알려져 있는데, 원래는 애덤 스미스 같은 사람들이 하던 것을 '정치경제학'이라 불렀고, 카를 마르크스는 그것을 비판하는 '정치경제학 비판'론을 폈다. 그런데 나중에 미국에서 유학한 박사들 얘기를 들어 보니, '정치경제학'이라는 것은 미국에서 경제학 논리를 가져다가 정치 현상과 국제정치 현상을 설명하는 정치학으로 이해되고 있었다.

'사회운동론' 강의와 관련해서 얘깃거리가 하나 생각난다. 1990년대 초 사회운동론 강의에는 학생운동을 하던 친구들이 주로 수강했는데, 자기들끼리 논쟁을 해서 그랬는지 단도직입적으로 "교수님은 NL과 PD 중에 어느 쪽이 맞다고 생각하세요?"라고 따지듯 질문하는 것이었다. 긴장된 분위기 속에서 "양쪽이 다 맞다"고 답하니 학생들은 무척 서운해했다. 사실 1989년 귀국한 직후, 소장 학자들의 모임인 한국산업사회연구회를 가보았더니 거기서도 NL·PD 논쟁을 하고 있었다. 나는 그때 일어나서 "아니 적은 저쪽에 버티고 앉아 있는데, 왜 같은 편끼리 싸우고 그러느냐"고 말했다.

나는 1990년대에 왕성하게 연구하고 활동하고 글과 논문을 쓰곤 했다. 계급 이론에 관련한 연구를 하면서 춘천지역사회 연구도 수행했다. 또한 시민사회와 시민운동, 진보 세력이 나아가야 할 방향, 사회주의와 사회민주주의에 대해서도 연구했다. 그러는 과정에서 책도 여러 권 만들었다. 사회학 개론 책을 여러 번 새로 고쳐 내는 일도 했다. 최근 판은 『사회학: 비판적 사회 읽기』이다. 계급 연구서로는 『중산층의 몰락과 계급양극화』를 냈다. 이 책은 'IMF 사태 이후 중산층은 몰락했는가'라는 점이 문제 제기였으며, 내가 근 10년 동안 밥 사주고 술 사주어 가며 이끌던 비판사회학회의 이론·이데올로기 분과 세미나에 참여한 서울지역 대학원생들의 도움을 받아 만든 것이다. 춘천지역사회 연구물로는 동료 교수들과 함께 쓴 『춘천리포트』가 대표적이다. 덕분에 『춘천 100년사』에도 글을 한 편 썼다. 『시민사회와 시민운동 1』은 ≪경제와 사회≫ 편집주간을 하면서 내가 붙인 논쟁들을 묶어서 낸 책이고, 그 후속편으로 2편을 내기도 했는데, 3편은 계속 준비만 하다가 아직까지도 못 내고 있다. 1990년대에 나는 ≪경제와 사회≫ 편집주간 외에도 대학교육협의회에서 내는 ≪대학교육≫의 편집위원, 한국사회과학연구소에서 내는 ≪동향과 전망≫의 편집위원장도 했다. 학교에서는 ≪한림학보≫ 주간 교수를 2회에 걸쳐 했고, 『한림대학교 20년사』에도 글을 썼다.

이런 연구와 저작은 대개 나의 봉사·실천 활동과 직결되어 있었다. 처음에는 비판적 학술, 교육 활동 차원에서 진행되다가, 1990년대 후반부터는 '진보정당 운동'의 차원에서 진행되었다. 1994년에 참여연대 창립과 활동에 적극 참여했고, 조직 구성, 활동, 재정 문제 등의 경험이 『시민사회와 시민운동 2』에 정리되어 들어갔다. 조희연 교수도 1, 2권에 모두 참여했다. 1999년 이후 춘천시민연대, 그 후 강원연대 활동은 관련된 연구에 도움을 주었고, 나는 종종 이러한 활동 경험을 사회운동, 시민운동, NGO, 사회학개론 등의 수업시간에 사례로 제시하기도 했다.

1997년에는 국민승리 21 창당에 참여했고, 강령 만드는 일을 했다. 2000년에는 민주노동당 창당에 적극 참여했고, 당명 제정, 강령 제정 위원으로 일했다. 그리고 2001년에는 조봉암 씨 비서역을 하던 정태영 선생이 사회민주주의 조직을 만들어 달라고 부탁을 해와 한국사회민주주의연구회를 만들고 『한국사회민주주의 선언』 등의 책을 펴냈고, 세미나는 물론, 토론회도 몇 차례 조직해냈다. 2002년에는 민주노동당(약칭 민노당) 정체성 확립을 위한 대토론회가 열렸는데, 당시 내가 선도적으로 주장하던 사회민주주의가 '도마' 위에 올랐다. 토론회 내용은 민주노동당 기관지 ≪이론과 실천≫ (2002년 8월호)에 실렸고, 2회전까지 진행되었다. 각 정파를 대표하는 인물들이 토론에 참여했는데, 송태경, 이용대, 장상환, 성두현, 이정구, 정종권 씨이다. "사회주의적인 이상을 대의민주주의 선거제도를 통해 실현하려고 하는 정당이 사회민주당 아닌가. 솔직하게 사회민주주의를 주장하자"라는 것이 나의 주장이었다. 이 무렵 "민주노동당이 '민주노총당'이 되면 안 된다"라고 주장하던 현 정의당 국회의원 노회찬 씨는 다른 토론회 자리에서 필자의 이러한 주장에 대해 고개를 끄덕이며 "아, 그런 의미에서라면" 하고 절반 이상은 수긍한 것 같았다.•

2000년대 초에는 사회민주주의 연구회의 토론회가 매스컴을 조금 탔는데, 그러자 한국노총 지도부에서 민주사회당을 만들려고 하는데 와서 머리가 되어 달라는 요청을 해왔다. 연구회 내부에서 참여할 것인가를 두고 논란을 벌이다, 주축 라인이 참여하는 쪽으로 입장을 정리하자, 많은 회원이 떨어져 나갔다. 결국 나와 몇몇 사람들이 참여해 한국 사회민주당을 만들었고, 후에 녹색 사민당으로 당명을 바꾸어 선거에 나갔으나 참패해 해산했다. 녹색운동을 하던 소그룹을 영입하며 당명을 바꿀 무렵, 당대표로 있던 장기표 씨는

• 한국 사회민주주의 논쟁의 역사에 대해서는 정승현, 「한국 진보진영의 사회민주주의 논쟁: 1987년 이후」, 서강대학교 사회과학연구소, ≪사회과학연구≫, 제15집 1호(2007)를 참조하기 바란다.

나에게 귓속말로 이렇게 말했다. "당신이 평소 주장하던 '녹색사회 민주주의'를 새 당명으로 정했으니, 원하던 것이 된 것 아니냐"라고. 사실 한국노총은 진보와 거리가 좀 먼 편이었다. 조합원들은 보수 여당을 가장 많이 찍고, 그다음이 민주당이었고, 진보정당 지지자는 극히 소수였다. 어느 한국노총 간부는 나에게 아주 인상적이고 귀에 쏙 들어오는 두 가지 얘기를 해주었다. 첫째, 민주노총은 운동권이고 노동귀족 비슷하다. 한국노총 노동자들이 '진짜 노동자'이다. 대기업 중심 노조와 중소기업 중심 노조로 갈라지니 말이다. 둘째, 한국노총 조합원들의 정치 이념과 투표 성향은 우리나라 국민 평균과 똑같다, 다르지 않다. 그 이야기가 아직까지도 귀에 생생하다. 그리고 나중에 조사 연구를 해보니, 그 말이 대체로 맞는다는 것을 알게 되었다.

그 후 나는 다시 민주노동당, 통합진보당 활동을 하면서 사회민주주의 활동을 계속했다. 지지자를 규합하고, 세미나, 토론회를 열고, 대담 시리즈를 만들어 동영상으로 촬영해 유튜브에 올려 홍보하고, 대담 내용을 녹취해 『식탁 위의 복지국가』라는 제목의 책으로 내기도 했다.• 2010년에는 민노당 새세상연구소 주관으로 창당 10주년 기념 학술대회를 가졌는데, 나는 "유럽 사회민주주의의 성공과 실패, 한국적 교훈"이라는 제목으로 발표를 했고, 다른 한 명은 남미 사례를 발표했다. 토론자는 사회민주주의를 지지하는 사람들과 비

• 이 책을 내는 데에는 사회민주주의 멤버들 외에도 특히 한림대 사회학과 신경아 교수의 아이디어와 재정 지원이 큰 몫을 했다.

판하는 사람들 두 부류로 짰다. 이 내용은 동영상으로 제작되어 인터넷에 올라가 있다. 진보 정당 하는 사람들 사이에는 반미가 많지만, 유럽보다는 남미를 선호하는 경향도 꽤 있다. 유럽 사회민주주의는 소위 '개량주의'이고, 우리와는 거리가 너무 먼 나라들인 반면, 남미는 우리처럼 식민지 경험이 있고 부분적으로 혁명적인 기운이 살아 있으니 우리에게 참고가 더 많이 된다는 생각 때문일 것이다.

2010년 무렵 나는 2008년 민노당 분당 사태 후 탈당한 지 얼마 안 된 상태였는데, '자주·민주·통일'(약칭 자민통) 계열의 최규엽 씨(나중에 서울시장 출마)가 '전교조 엄호 차원에서' 입당해 달라고 권유해 김수행 교수와 함께 재입당을 했다. 나는 최규엽 씨에게 농담 반 진담 반으로 얘기했다. "아니 정태인이는 한미 FTA 반대 열심히 할 때, 대대적으로 입당식을 해주고, 나는 그런 거 안 해주냐"라고. 그랬더니 국회 정론관에서 강기갑 대표에게 입당원서를 제출하고 환영받는 식으로 입당식을 해주었다. 사실 내가 탈당한 지 얼마 지나지 않아 재입당을 한 이유는 전교조와 공무원노조가 탄압을 받는다면 가만히 있을 수 없다는 평소 생각 때문이었다. 이 입당하는 장면도 인터넷에 올라가 있는데, "진보학계의 좌장 교수들과 수많은 학생들, 민노당 입당"이라는 식으로 홍보되었다. 얼떨결에 나도 진보학계의 좌장이 된 모양새였다.

그런데 그 당시 나는 사회대 학장직을 맡고 있었다. 어느 날 당시 교무처장을 맡고 있던 송승철 교수(영문과, 후에 강원도립대 총장)가 연락해 만나보니, 재단이사장이 총장(이영선)에게 연락해 유팔무 학장을 경고 또는 단속하라고 했는데, 총장이 껄끄러워서 자신이 친

하니까 만나서 처리하겠다고 했다는 것이다. "앞으로는 자중하겠다고 전하세요"라고 하니 웃으며 돌아갔다.

사실 나는 오랫동안 재단이사장과 가깝게, 허물없이 지내던 사이였다. 교수평의(원)회 의장을 자주, 오래하면서 매년 수차례씩 만나 독대를 하며 얘기를 나누기도 했다. 공식 행사 뒤풀이 자리에서는 농담을 주고받곤 했다. 주로 총장 선출 문제나 교수 처우 문제에 대해 얘기를 나누곤 했는데 이사장은 역대 총장에 대한 품평을 많이 했고, 병원 경영이 어렵다는 얘기도 자주했다. "동탄병원 짓고 나서 봅시다"라든지, "차기 총장으로는 어떤 타입이 좋겠는가"라든지, "대학의 주인은 내가 아니라 교수들이다. 주인 의식을 가지고 열심히들 하라고 전해 달라"는 등의 이야기였다.

나는 한림대 교수 생활을 27년째 하고 있는데, 그사이 1992년 교수평의원회(약칭 교평) 총무간사를 1년 했고, 2000년 2학기부터 2005년 1학기까지, 2011년 2학기부터 2013년 말까지와 2015년 1년 동안, 교평 의장을 연임, 연임하다 연구년을 갔다 와서 또 연임하고 해서 총 9년 반이나 했다. 그러니 교수 생활 3분의 1 이상을 교평 일을 한 셈이다. 그러니 이사장에게 "아니, 유 교수, 교평 의장을 종신으로 할 거에요?"라는 얘기까지 들었다. 그렇지만, 이사장은 나보다 더 오래 이사장직을 계속하고 있지 않은가? 나도 이사장을 한 적이 있다. 강원살림 이사장, 협동조합 사회민주주의연구 이사장이었는데, 그래서 언젠가는 이사장에게 "저도 이사장입니다" 하고 농담을 건네기도 했다. 물론 이사장은 움찔하며 놀래는 것 같았다.

그런 연유로 해서 나는 이사장이나 역대 여러 총장을 종종 만나고, 때론 실랑이를 하면서 남다른 경험을 했다고 할 수 있다. 이제는 그 이야기를 하겠다.

이야기는 1988년으로 거슬러 올라간다. 한림대학은 1982년에 윤덕선 씨가 만든 학교이다. 윤덕선 씨는 6·25 때 평양에서 남하한 후, 서울대를 나오고 가톨릭대 의대 교수를 하다 그만두고 동료 교수들과 함께 성심병원을 지어, 병원 경영에 도움이 되는 의과대 중심 대학으로 한림대학을 세웠다고 한다. 가톨릭 계통의 성심회에서 운영하던 춘천 봉의산 기슭에 자리 잡은 성심여대 부지를 인수해 한림대학 캠퍼스로 꾸며나갔고, 성심여대는 경기도 부천으로 이사를 갔다가 후에 가톨릭대학과 합쳤다. 단과대학이었던 한림대학은 1988년 종합대학교로 승격했는데, 학생들이 현승종 총장실을 3개월 동안, 그러니까 한 학기 내내 점거했다. 이유는 두 가지 정도였는데, 하나는 왜 단과대학 '학장'을, 격이 한 단계 높은 종합대학교의 '총장'으로 임명하느냐는 것이었고,* 또 하나는 전국의 다른 대학들처럼 '등록금 인하 또는 동결을 위한 투쟁'이었다. 학생들은 총장실 캐비닛을 뒤져 재정 관련 자료들을 살펴보기도 했다. 학교 근처에 '망명'을 가서 업무를 보던 현 총장은 학기 말에 즈음해 타협안을 제시해 총장 선출 방법과 등록금 문제에 대해 협의기구를 만들고 거기서 결정하자고 했고, 그래서 학생, 교수, 직원, 본부 등 '대학의 4주체'들의 협의기구(대학발전추진위원회)**가 만들어졌다. 교수를 대표하

---

* 예전에는 단과대학 규모인 대학의 학교장은 '학장'으로, 단과대 여러 개를 합친 규모인 종합대학의 학교장은 '총장'으로 칭했다.

는 조직이 없어 교수평의원회는 그 직후 만들어졌다. 그러나 어찌된 일인지, 그 후에도 현승종 선생은 총장직을 계속했다.

나는 그 무렵 90학번 신입생들과 함께 한림대에 들어왔고, 앞에서 말한 대로 고영복 교수의 추천서 덕에 현 총장에게 오케이를 받아 교수가 되었다. 그런데 1992년의 얘기이다. 학교에서는 거의 전국에서 최초로 '교수업적평가지침'을 만들어 연구업적을 대폭 강화한 기준에 맞춰 평가하는 제도를 만들어 공표했다. 교수들이 부글부글 끓었고, 당시 교평 총무간사 역을 맡고 있던 나와 젊은 교수들이 주축이 되어 회장 김성진 교수(철학과)와 함께 파업을 일으켰다. 전체 교수 회의를 보이콧하고 자연대 강의실에 모여 성토대회를 열었다. 한림대 역사상 처음 있는 일이었다. 얼마 후 현 총장이 나를 불러 총장실에 가니 캐비닛의 인사 파일을 열어 편지봉투를 하나 꺼내더니 그 안의 문서를 꺼내 읽는 시늉을 하면서 말하시길, "여기 고영복 교수 추천서를 보면, 유 교수는 선량하고 착한 사람이라고 되어 있는데"라는 것이었다. 나는 기자 경험을 한 사람 아닌가. "네, 그 편지 내용이 맞습니다"라고 응수를 했다. 그러자 더 이상의 긴 대화 없이 끝났다고 기억한다.

그런데 당시 노태우 정부는 (이번 최순실 사건 관련해서도 보도로 나오고 있지만, 구설수에 올라) 중립내각 총리로 현 총장을 모셔갔다. 총리역할을 잘했다는 평판을 받고 있지만, 한림대에는 총장 자리가 3개월가량 공석이 되었다. 그러자 공격의 화살은 최근 청와대의 '문고

●● 독일식 참여민주주의 '대학공동결정제'에 해당하는 기구이다.

리 3인방' 비슷한 '3인방' 교수들에게 쏟아졌다. '평가지침'을 만든 경제학과 김 모 교수, 경영학과 장 모 교수, 화학과 조 모 교수 등 3명이었다. 그들은 심지어 (아마도 재단에 충성하기 위해) 재단 전입금 부담을 줄이려면 재정 자립을 해야 한다며, 학생 정원을 늘리려고 했다. 학생 정원이 8000명이 되어야 '손익분기점'(!)이라면서 말이다. 그 결과, 한림대 학생 수는 8000여 명 수준으로 오늘날까지도 유지되고 있다.

설립자 윤덕선 재단이사장이 약 3개월간 총장 대역을 했고, 당시 부총장이던 차흥봉 교수에게 위원장을 시키면서 '교수업적평가지침'을 고치도록 했는데, 반대를 심하게 하던 교수들을 단과대별로 한 명씩 뽑아 개정 작업을 시켰다. 나도 거기 들어갔고, 업적 기준은 대폭 완화되었다. 나중에 이사장은 "거 뭐 흐물떡해져 버렸구먼" 하시면서 그냥 넘어갔다고 한다. 다른 한편으로 이사장은 후임 총장을 물색했는데, 일부 몰지각한 '왕당파'들은 "그냥 이사장, 총장을 겸임하시지"라고 했지만, 이사장은 교수들을 차례차례 불러 의견을 들었다. 우리는 3인방 뒤에는 정범모 교수가 있었다고 판단해, 4인방으로 지목하기도 했고, 따라서 이사장과의 면담에서는 "정범모 교수는 아니다"라고 얘기하기로 했다. 내 차례에 면담을 가니, 이사장왈, "아니 왜들 정범모 교수는 안 된다고 하는 거지요? 내가 보기엔 괜찮은데"라고 하셨다. 그리고 얼마 후 정범모 교수를 후임 총장으로 임명했다.

2대 총장 정범모 교수는 참 머리가 좋은 사람이라고 생각한다. 원로 교수들 사이에서는 "어이, 실증주의자"라고 놀림을 받기도 했다는 정 교수는 총장이 되자, '교수업적평가지침' 반대에 앞장선 교수들에게 학생처장 등의 자리를 하나씩 주었다. 나도 그 통에 처음으로 보직 아닌 보직, 한림학보 주간을 맡게 되었다. 당시 한림학보는 PD 계열(민중민주혁명파) 학생들이 장악하고 있고 정보기관에서 압력도 들어온다고 나의 전임자 홍광엽 교수(정치외교학과)는 총장에게 사전 검열도 받고 해서 학생기자들과 실랑이를 많이 했고, 신문 초안이 만들어지면 총장실로 가 최후 결제를 받아 신문을 냈다고 한다. 사실은 나도 PD 계열을 지지하는 편이었기 때문에 좀 불편한 자리였지만, 나 역시 정 총장 비슷하게 꾀를 냈다. 나는 신문, 잡지를 만들어본 사람 아닌가. 사전·사후, 기획·평가 시스템을 만들자고 제안해 그렇게 되었다. 기획을 학생들 단독으로 하지 말 것, 신문이 나온 뒤 학생과 교수의 평가를 받아 피드백시킬 것! 사실 학생들은 자기들 마음에 안 드는 주간 교수가 온다고 하면 비토(veto)를 하거나 놀림감으로 만들고 바이패스(bypass)를 하기 일쑤였다고 하는데, 한림대에 나 같은 진보 성향의 교수가 흔하지 않다는 것을 알아 내 말을 마지못해(!) 들은 것이었다. 그런데 나는 학보사 주간 교수가 된 후 정 총장과 한 번도 한림학보 문제로 만난 적이 없다. 검열은 하지도 않았고, 받지도 않았다. 그리고 나는 한 번 더 연임하다 1996년 미국 버클리 대학으로 연구년을 다녀왔다.

그 후 나는 2000년 9월부터 교수평의원회 의장을 5년간 지속했는데, 당시에는 대외적으로 춘천시민연대 활동, 민주노동당 활동, 사민주의 활동, 학술지 ≪동향과 전망≫ 편집 활동 등으로 바쁘게 지냈지만, 학내에서도 교수평의원회 일을 하면서 연일 술 마시고 성토대회 하느라 세월 가는 줄 모르고 지냈다.

3대 이상주 총장은 정범모 총장처럼 교육개발원 자문교수 역할을 했던 분이고, 나도 교육개발원 출신이고 해서, 이상주 총장의 캐릭터는 대충 안다. 다혈질이라 '총장 못 해먹겠다'는 얘기를 교무회의 등지에서 종종 했고, 그것이 윗선의 귀에 들어가 한림과학원 원장을 맡고 계시던 현승종 선생에게 불려가 야단맞고 임기를 3개월 남겨놓고 사퇴했다. 들리는 얘기에 의하면, 현 선생은 "당신, 총장 그만두고 싶으면 그만둘 일이지, 왜 여기저기 다니면서 총장 못 해먹겠다는 얘기를 하고 다니느냐?"고 말했다고 한다. 전두환 밑에서 교육문화수석을 하다가 최연소 총장으로 강원대 총장으로 가서 신문방송학과와 사회학과를 만들었던 이상주 총장은 강원대 학생들에게 총장실을 점거당하기도 했고, 울산대 총장으로 가 있다가 총장직 전문가(!)로 한림대에 불려왔다. 그런데 이 양반은 한림대에 와서도 언론정보학부를 만들었다. 언론정보학부 건물과 사회과학대학 건물을 아파트 건설비용을 들여 멋들어지게 지어주기도 했다. 현재의 '일송아트홀'과 사회경영관이 바로 그때 지어진 건물들이다. 서강대 유재천 교수(한림대 부총장·상지대 총장 역임)도 (언론정보학부를 만들면서) 그때 오게 되었다. 그리고 그 양반은 총장 재직 시 '학부제'를 도입했다. 교수들을 설득하면서 "조금 지나면, 이 바람이 지나갈 테니까, 이번에는 그렇게 하기로 하고, 조만간에는 학과제로 돌아갈 것입니다"라고 말했다.

그다음의 한달선, 이상우, 김중수, 이영선, 노건일, 또 다시 김중수 총장까지 겪으면서 이런저런 이야깃거리가 많이 생겼지만, 밤을 새도 모자라기 때문에 짧게만 얘기해야겠다. 그러고 보니 초대 현승종 선생을 포함해 역대 한림대 총장들이 모두 다 서울대 출신이라는 놀라운 사실! 나의 대학 동문이자 선배들이다. 그리고 행정 관료 출신인 노건일 씨만 빼면 모두가 교수 출신들이다.

이상우 총장은 서강대 교수를 하다 왔는데, 이사장의 요청에 따라 오자마자 연봉제를 추진했다. 교평은 1년 동안을 싸워 그것을 없던 일로 만들었다. 그리고 생맥주를 마시며 화해했고, 번드르르한 교평 사무실을 얻어내기도 했다. 교평에서는 그 대신 주차난 때문에 외부 차량의 학내 출입을 통제하기 위한 차단기 설치를 실비만 받게 하는 조건으로 동의해주었다. 평양에서 내려올 때 아버지 손 잡고 내려왔다고 하는 '금수저' 이사장*인 제2대 윤대원 이사장이 사전에 이상우 총장 내정자를 세 차례인가 만나 면접시험을 치렀는데, '한림대 장기 종합발전계획(안)'을 숙제로 주고 검토 후 또 다시 만나자고 했다고 한다. 그러자 이상우 총장 내정자는 '좋다'고 답했다고 한다. 수많은 교수들이 힘을 합쳐 수개월에 걸쳐 만들었던 그 종합발전계획(안)에는 '한림대 교수의 월급 수준을 5년 이내에 전국 10위권 이내로 올린다'는 엄청난 내용도 들어가 있었던 것으로 기억한다. 그런데 이 양반은 총장이 되자마자, 그 계획(안)을 휴지장으로 만들어버렸다. 그러면서 연봉제를 들고 나왔던 것이다. 교수평의회 의장 임기 말에 연구년을 가려고 하니 이상우 총장은 시원섭섭했는

---

* 혹자는 이 양반을 '병원 재벌'이라고도 부른다. 병원을 몇 개나 가지고 있길래 그런 얘기가 나왔을까?

지, "내가 잘 아는 몽고의 울란바토르 대학으로 가면 어떻겠느냐, 원한다면 거기로 보내주겠다"라고 했다. 날더러 몽고로 가서 연구년을 하고 다시는 돌아오지 말라는 얘기 아니었냐는 농담 어린 후일담이 있다.

7대 이영선 총장은 서울대 경제학과 66학번으로 정운찬 씨(서울대 총장·국무총리 역임), 김중수 씨(청와대 비서실·KDI 원장·한은총재 역임, 한림대 6대 총장)와 동기생들이다. 항간에는 이 사람들도 '3인방'이라는 얘기가 있다. 셋이 서울대 경제학과 조순 교수(경제부총리 역임) 라인에 있는 직계 제자들이라는 얘기, 세 명이 모두 케인스주의자라는 얘기 등을 들었다. 조순 교수는 '토지 공개념'을 들고 나와 많은 사람들을 놀라게 한 인물이고, 같은 서울대 경제학과 변형윤 교수(서울경제연구소)와 그 제자들은 '경실련'을 만들었다. 그 제자들은 김영삼 정권 시절 정부 산하의 높은 자리로 불려가 일했다.

어쨌든 이영선 총장은 조희연 교수와 마찬가지로 참 좋은 사람이다. 4대 한달선 총장과 비교해보자면, 의과대 사회의학 교실의 한 총장은 조선시대의 선비, 이른바 '딸깍발이' 비슷한 양반 중의 양반이라고 할 수 있을 것 같고, 이 총장은 머리도 좋고 사교성과 유연성이 뛰어난 사람인 것으로 보인다. 나는 '유'씨이기도 하지만, 평소 '유연성'을 많이 강조한다. 사법계 출신 이회창 전 총리는 '대쪽 총리'라는 별명이 있었지만, 나는 대나무의 유연성에도 주목해야 한다고 생각한다. 대나무는 바람이 불어도 휘어졌다 다시 일어서는 그런 유연성을 가진 식물이다. 그래서 많은 이에게 칭송받아왔다. 유연성에 관련해서, 교평 일을 하면서 나는 종종 허리의 유연성을 강조하곤 했다. 나는 또 젊은 시절부터 "참을 인 자 세 번이면 살인을 막는다"는 말도 자주 되뇌어왔다. 이영선 총장, 한달선 총장은 이사장에게 수모를 여러 차례 당한 것으로 알고 있는데, 이 양반들은 참고 참고 참은 것인지, 정말 놀랍게도 총장직을 끝까지 수행해 임기를 마쳤다. 그 양반들은 교평과도 자주 어울리며 소통도 자주 했고, 그래서 교평과도 친했다.

2008년을 전후해 김중수 총장은 친구 이영선 씨를 자신의 후임으로 추천했고 이사장이 김중수 총장을 좋아해서 이영선 씨는 총장이 되었다. 2016년 초 다시 총장직에 돌아온 김중수 총장과 식당에서 우연히 만나 이영선 총장 얘기를 했다. "교수들하고 너무 친하면 이영선 총장처럼 된다.● 그렇다고 이사장하고 너무 친해도 곤란하다. 노건일 총장과 교평이 격렬하게 싸운 것 알지 않느냐. 불통 총장하지 마시고, 소통하는 총장이 되시라" 그랬더니 하시는 말씀, "어, 나도 불통 소리 좀 듣는데?" 나중에 경제학과 김 모 교수에게 들어보니 KDI(한국개발원) 원장 시절 '불통'이란 소리를 많이 들었다고 하며, 지금도 한림대 일각에서는 '소통하는 모양새는 보이지만 사실은 불통인 것이 틀림없는 것 같다'는 얘기가 돌고 있다.

8대 총장 노건일 씨 얘기는 사실 입에 담고 싶지 않지만, 그래도 해야겠다. 2012년 초, 이 양반이 한림대 총장으로 온다는 소문이 났을 때, 교평에서는 어떤 인물인지 인터넷 검색을 통해 알아보았

● '이사장에게 핍박을 당하고 총장 연임도 못 한다'는 뜻으로 말했으나 어떻게 받아들였는지는 모르겠다.

다. 관료 출신이고, 노태우 때 교통부장관을 했고, 그 연고로 인하대 총장이 되었고, 교평인가 교수협의회인가의 대표를 하던 김영규 교수를 이런저런 사유를 달아 해직시켰고, 윤대원 이사장의 '용산고등학교'('큰 그릇' 만드는 학교)* 대선배이면서 사돈지간이라는 사실을 알게 되었다. '이 사람은 교수를 자르는 사람이구나, 교평 의장도 수틀리면 자르겠구나' 해서 대응 방안을 강구했다. 그런데, 이 양반 온지 얼마 안 돼서 교수 업적 기준을 한층 더 강화하겠다고 전체 교수회의를 소집했고, '초전박살'의 자세로 짧은 시간에 밀어붙이려 했다. 교평에서는 그 회의와 안건에 대해 여론을 수렴하고, 항변할 문서도 준비하고, 작전도 짜두었다.

그런데 그 전주에 교평 의장인 나에게 술 한잔하자고 연락이 와 중국집에서 노 총장을 독대했다. 나는 신임 총장 오리엔테이션을 시키는 차원에서 이런저런 얘기를 했다. 그 양반이 노태우 시절 장관 했던 사람들과 함께 낸 책을 염두에 두면서, "나는 군사독재는 싫어하지만, 노태우 씨가 1987년 '6·29선언'(민주화, 자유화 약속)을 지킨 것에 대해서는 좋게 평가한다. 사실은 그 때문에 우리나라가 민주

• 사실 나는 용산고등학교 출신을 여러 명 알고 있고, 한림대 교수 중에도 신형철, 오진탁 교수 등 누가 용고 출신인지 알고 있지만, 용고가 '큰 그릇'을 키우는 학교라는 사실을 알고 난 후부터는 그 고등학교가 마음에 든다. 왜냐하면 나는 수십 년 동안 나 자신을 포함한 모든 인간을 '그릇'에 비유해왔고, 얼마나 큰 그릇인가, 얼마나 많은 것을 담을 수 있는 사람인가 하는 점으로 그의 인물됨을 평가하기도 했으며, 나 자신을 독려하는 '좌우명'처럼 받들어왔기 때문이다.

주의로 넘어온 것 아니냐"면서 제발, "민주 총장을 하시라"고 얘기했다. 그랬더니 하는 말, "무엇이? 날더러 민주주의를 하라고?" 하면서 숨을 골랐다. 마치 박정희 시절에 돌고 돌던 이야기, "민주주의가 밥 먹여주냐?" 하는 얘기처럼 들렸다. 그 양반은 고량주를 잘도 마셨다. 한 잔 들이키곤, 나에게는 석 잔을 건네곤 했다. 물론 나는 정신을 바짝 차렸다. 갑자기 그는 말했다. "동문님, 좀 도와주십시오." 아니 이게 웬일인가? 새카만, 아니 새하얀 후배 교수에게 동문 '님'이라니? 서울대 동문인 건 맞지만, 내가 멍청한 사람인가. 평소 나는 총장이나 부총장이나 교무처장이나 교평 의장도 모두 '공인'이라고 생각해왔고, 그런 얘기를 그 사람들에게 종종 하기도 했다. 그러니 그 말에, 그 술에 흔들릴 내가 아니었고 묵묵부답했다. 그런데 며칠 후 전체 교수 회의를 하다가 내 마이크를 툭 쳐서 떨어뜨린 것과 연결 지어 생각해보면, 당시 그 양반은 속으로 "이 친구는 잘 안 먹히는 군" 이런 생각을 했을 것 같다.

노 총장 때문에 전체 교수 회의가 파행적으로 중단되고 교수들은 무리지어 퇴장해 비상 총회를 가졌다. 즉석에서 총장 퇴진을 요구하는 서명을 시작했고, 3분의 2 이상의 교수가 동참했다. '여론 수렴을 제대로 하지 않았고, 소급입법이다'라는 취지로 소송도 제기했다. 법무법인 덕수 이석태 변호사(참여연대 공동대표, 세월호 특별조사위원회 위원장)에게 연락해 법무법인 태평양과 대결했으나, 재판에서 '각하 결정'이 되어 실패했다. 그렇지만, 교평은 그 후에도 노 총장에게 '연말까지 시간을 줄 테니 자진사퇴하시라, 그러지 않으면, 재단에 얘기해서 해임시키도록 하겠다'고 압박을 가했다. 그러나 노

총장은 물러나지 않았고, 이사장은 도리어 (아마도 노 총장의 요청에 따라서였겠지만) 교평과 전체 교수들에게 인터넷 메일로 '협박 편지' 비슷한 것을 보냈다. '교평 임원진은 물러나 자숙하라! 정교수들은 그쪽에 현혹되지 마라'는 등의 이야기가 적혀 있었다. 그래도 그럴 수가 있나? 나는 이사장에게 즉각 항변의 답 글을 써서 보냈다. 그 후 학장들과 보직교수들이 '못 해먹겠다'며 보직 사표를 내곤 하니까, 이사장은 또 한 번 협박 비스름한 편지를 썼다. '임기를 안 마치는 보직자는 가만두지 않겠다'는 내용이 골자였다. 나는 연구년 갈 차례가 지났지만, 후임자를 찾지 못해 기다리다 할 수 없이 당분간 교평을 엄한진 교수(사회학과, 사회대 대표 평의원) 등 단과대별 대표 평의원들의 '집단지도체제'로 하도록 하고, 연구년을 갔다.

교평은 그 한 해 동안 '개점휴업 상태'에 들어갔고, 연말부터 나는 다시 복귀를 해야겠다고 생각해서 그다음 해 2015년 교평 의장으로 다시 복귀했다. 마침 김번, 이선우, 강경화, 정연구, 이지원 교수 등 괜찮은 '전사'들이 나서주어 한판 벌이기로 했다. 총장 임기 말인데, 최소한 연임은 막아야 하지 않겠느냐는 생각들이 강했다. 우리는 대대적인 시위를 벌였고, 릴레이 일인 시위도 하고, 언론에도 알리고, 학생들과 민주 동문들에게도 알렸다. (내 페이스북 페이지에는 당시 상황을 언론 보도와 함께 '보도'한 내용이 지금도 남아 있다.) 그런데, 그 무렵 노 총장은 한림대에 자신의 지분을 넓히려고 했고, 재단이사장과 갈등을 벌이기 시작했다고 한다. 노 총장은 총장을 한 2년쯤 더 하겠다고 재단에 요구한 모양이었고, 이사장은 이를 받아들이지 않고 맞섰다고 한다. 그러니 당시 상황은 삼파전이 벌어진 양상이었다고 할 수도 있다. 후에 전해 들으니, 노 총장은 여러 사람을 징계하고, 특히 유팔무는 잘라야겠다는 얘기를 수도 없이 했다고 하는데, 그걸 이사장이 막았다고 한다. 결국 이사장이 나를 살려준 셈이되었고, 노 총장은 명예롭지 못하게 임기만 채우고 갔다. 학내에서는 이 외에도 여러 가지 우여곡절들이 많았지만, 다음을 기약하기로하자.

사실 나는 오래전부터 한림대학교가 아카데믹한 분위기가 지배하는 좋은 대학, 그리고 교수, 직원, 학생들이 착하고 좋은 대학이라고 생각해왔다. 이런 전통과 분위기를 지키고 싶어 했다. 요즈음 같은 위기 상황에서도 한림대학교가 본래 꿈꾸던 '대학의 이상'을 기필코 구현하는 날이 올 수 있기를 기원한다. 내 일생의 상당 부분을 몸담아 무사히, 보람차게, 교수 생활을 할 수 있었고, 막판에는 명예롭게 퇴직할 수 있도록 배려해 준, '큰 그릇'(용산고 교훈) 윤대원 이사장과 '조직의 관리 운영'에 탁월한 능력을 보여주고 계신 김중수 총장에게 특별한 감사의 뜻을 표한다. 김 총장이 지난 연말에 사회학과 학생들이 베풀어준 퇴임 행사 때 참석해 던진 뜻깊은 유머, "정년퇴직은 're-tire', 즉 타이어를 새 것으로 갈아 끼우라는 소리다"처럼, 앞으로 타이어를 갈아 끼우고 새롭게 출발할 것을 다짐한다.

찾아보기

214

용어

저자 약력

1970년	서울대학교 사범대학 부설고등학교 졸업
1974년	서울대학교 사회학과 졸업
1974년~1978년	중앙일보 기자
1979년~1981년	서울대학교 사회학과 대학원 석사(석사논문 「세대 간의 사회이동과 교육기회불평등」), 한국교육개발원
1981년~1983년	서울대학교 사회학과 조교
1983년 8월	독일 유학
1989년 2월	베를린 자유대학교에서 박사(박사논문 「이데올로기와 계급관계」)
1990년 3월~현재	한림대학교 사회학과 교수
1992년	한림대학교 교수평의원회 총무간사
1993년 9월~1996년 8월	한림학보사 주간 교수
1994년 9월	참여연대 창립에 적극 참여
1997년	국민승리 21 강령위원
1998년	한국산업사회학회 회장
1999년 9월~2011년	춘천시민연대 공동대표
2000년	민주노동당 강령위원 등
2000년 9월~2005년 8월	교수평의원회 의장
2001년~2003년	한국사회민주주의연구회 연구소장
2003년	사회민주당 창당, 부대표, 기관지위원장
2004년	강원시민사회단체연대회의 발족, 공동대표
2007년	사회민주주의네트워크, 사회민주주의연대, 사민주의정책연구회
2007년~2013·2014년	협동조합 사회민주주의연구 이사장
2008년~2009년	강원일보 독자권익위원장
2009년	사단법인 강원살림 이사장
2008년 8월~2010년 7월	한림대학교 사회대 학장
2011년 9월~2014년 2월	한림대학교 교수평의원회 의장
2015년 3월~2016년 2월	한림대학교 교수평의원회 의장

지은이

유팔무

현재 한림대학교 사회학과 교수이다. 서울대학교 사회학과에서 학사학위와 석사학위를 받고, 독일 베를린 자유대학교(Freie Universität Berlin)에서 '이데올로기와 계급관계'를 주제로 박사학위를 받았다. ≪중앙일보≫ 기자, ≪월간 말≫ 편집위원, ≪경제와 사회≫ 편집주간, 산업사회학회 회장, ≪동향과 전망≫ 편집위원장, 춘천시민연대 공동대표, 한국사회민주주의연구회 연구소장, 강원시민사회연대회의 공동대표, 사회민주주의정책연구회 회장 등을 역임했다. 주요 저작으로는 『현대정치경제학』(옮김, 1990), 『춘천리포트』(1, 2, 4권, 공저, 1991, 1999, 2009), 『시민사회와 시민운동』(1, 2권, 공편, 1995, 2000), 『사회민주주의 선언』(공저, 2001), 『한국의 시민사회와 새로운 진보』(2004), 『중산층의 몰락과 계급 양극화』(공저, 2005) 『식탁 위의 복지국가: 유팔무 교수의 60분 다이얼로그』(공저, 2013) 등이 있다.

사회학으로 세상 보기
한국 사회의 현재와 미래

지은이 **유팔무** | 펴낸이 **김종수** | 펴낸곳 **한울엠플러스**
편집책임 **조수임** | 편집 **김다정**

초판 1쇄 인쇄 **2017년 3월 6일** | 초판 1쇄 발행 **2017년 3월 13일**

주소 **10881 경기도 파주시 광인사길 153 한울시소빌딩 3층**
전화 **031-955-0655** | 팩스 **031-955-0656**
홈페이지 **www.hanulmplus.kr** | 등록번호 **제406-2015-000143호**